COF CENEDL X

YSGRIFAU AR HANES CYMRU

Golygydd
GERAINT H. JENKINS

Gwasg Gomer

Argraffiad cyntaf—1995

ISBN 1 85902 205 7

ⓗ Gwasg Gomer 1995

Dymuna'r cyhoeddwyr gydnabod cymorth
Adrannau'r Cyngor Llyfrau Cymraeg.

Argraffwyd gan
J. D. Lewis a'i Feibion Cyf., Gwasg Gomer, Llandysul, Dyfed

COF CENEDL X
YSGRIFAU AR HANES CYMRU

SOUTH GLAMORGAN
DE MORGANNWG

This book must be returned or renewed on or before the
latest date above, otherwise a fine will be charged.
Rhaid dychwelyd neu adnewyddu y llyfr hwn erbyn y
dyddiad diweddaraf uchod, neu bydd dirwy i'w thalu.

NO .... AUTHOR ....
RHIF   AWDUR

TITLE ....
TEITL

James Kitchener Davies (1902-52), awdur y ddrama *Cwm Glo* (1935).

O chwi, hil ac epil yr hen Frutaniaid,
gwrandewch ar hanes eich hynafiaid, a
chofiwch pa fodd y bu, fel y dealloch
pa fodd y mae, i gael gwybod pa fodd y bydd . . .

Morgan Llwyd

Clymau gwarchod traddodiad—yn cynnal
    Cenedl rhag dilead;
    Dolennau ein cydlyniad,
    Hen feini prawf ein parhad.

Ieuan Wyn

Ond er trawster dur trosti
Nid diwerth ei haberth hi;
Daw dydd y bydd y rhai bach
O rif yn genedl gryfach.

Alan Llwyd

Cynnwys

Lluniau

Rhagair

Cyraeddasom garreg filltir nodedig. Wele ddegfed rhifyn *Cof Cenedl*! Pan gyhoeddwyd rhifyn cyntaf y gyfres hon ym 1986 yr oedd nifer o haneswyr yn parhau i goleddu'r syniad gwyrgam y dylid rhoi'r gorau i ysgrifennu hanes Cymru yn y Gymraeg. Dywedodd un hanesydd nid anenwog na ddylid ymdrafferthu i gyhoeddi llyfrau academaidd a phoblogaidd ar hanes Cymru yn y Gymraeg am nad oedd y Gymraeg yn gyfrwng priodol at bwrpas cloriannu problemau hanesyddol cymhleth, am na ellid cynnull digon o haneswyr cymwys a diduedd i adolygu llyfrau Cymraeg, ac am nad oedd digon o ddarllenwyr i brynu a darllen cyfrolau hanes yn y Gymraeg. Afraid dweud bod dadleuon fel hyn yn dwyn i gof blygion astrus meddylfryd pleidwyr defnyddiolaeth yn oes Victoria. Sut bynnag, teimlwn ar y pryd fod modd cyfuno ysgolheictod diledryw a mynegiant bywiog yn y Gymraeg ac y gellid gwneud hynny orau drwy gyhoeddi cyfres o gyfrolau dengar a darllenadwy.

Erbyn hyn cyhoeddwyd trigain o ysgrifau gan 55 o haneswyr a llenorion hen ac ifanc (cafwyd dwy ysgrif gan bum awdur), ynghyd â deng llun lliw ar gloriau'r rhifynnau a 370 o luniau du a gwyn sydd hwythau'n codi cwr y llen ar ran o waddol lliwgar a chyfoethog ein gorffennol. Dangoswyd *bod* modd i haneswyr Cymru lunio ysgrifau, wedi eu seilio'n gadarn ar ymchwil fanwl i amryfal bynciau, drwy gyfrwng y Gymraeg, *bod* modd i haneswyr gyfrannu'n adeiladol at fywyd cenedlaethol Cymru, a *bod* cynulleidfa o bobl ddiwylliedig a deallus yn prynu a darllen cyfrolau ar hanes Cymru. Go brin y dywedir mwyach, fel y proffwydwyd ar ddechrau'r wythdegau, 'mai yn Saesneg yn unig yr ysgrifennir maes o law am Gymru R. T. Jenkins'.

Bu cynnydd amlwg mewn sawl maes yn ystod y degad diwethaf. Neilltuwyd lle priodol i hanes Cymru ym maes llafur ysgolion Cymru. Llwyddodd Cymdeithas Athrawon

Hanes yng Nghymru i ddal ei thir yn rhyfeddol o dda, a da gweld Cymdeithas Llafur hithau yn ailflodeuo. Un o binaclau'r byd cyhoeddi llyfrau Cymraeg oedd cyfrol ysblennydd John Davies, *Hanes Cymru* (1990), gwaith a wnaiff gymaint â dim, mae'n siŵr, i gadw cof y genedl yn fyw. Ar y llaw arall, nid yw'r rhagolygon yn y Brifysgol mor olau. Ni ellir llai na gresynu'n ddirfawr at y ffaith fod tair Adran Hanes Cymru (Aberystwyth, Bangor a Chaerdydd) erbyn hyn wedi eu sugno i grombil Adrannau Hanes. Nid oes gennym mwyach un adran annibynnol i roi bri ac urddas (hen sôn am ddiogelwch i'r pwnc at y dyfodol) i hanes Cymru yng ngholegau cyfansoddol y Brifysgol. Gobeithio'n wir na fydd y newidiadau hyn yn dwyn perswâd ar ein haneswyr i ddychwelyd i'r hen ddull o ysgrifennu hanes mewn cyd-destun Seisnig ac i esgeuluso eu dyletswydd i danlinellu ein harwahanrwydd fel pobl.

Heb gefnogaeth hynaws a di-feth swyddogion Gwasg Gomer a'r Cyngor Llyfrau Cymraeg, ni fuasai'r gyfres hon wedi gallu mynd o nerth i nerth, ac fe hoffwn ddal ar y cyfle hwn i ddiolch o galon iddynt am bob cymwynas ac anogaeth. Euthum ar ofyn Dr Dyfed Elis-Gruffydd, Dewi Morris Jones a Glenys Howells eto eleni ac ni chefais yr un ohonynt yn brin. Mae'n dda gennyf ddweud 'diolch yn fawr' yn swyddogol unwaith yn rhagor. Hoffwn yn ogystal ddiolch yn ddiffuant i holl gyfranwyr a darllenwyr y gyfres am ei chefnogi ac am rannu â mi yr argyhoeddiad fod raid i genedl sy'n brwydro am ei heinioes ysgrifennu ei hanes yn y Gymraeg.

Gŵyl Owain Glyndŵr, 1994   *Geraint H. Jenkins*

Y Cyfranwyr

Yr Athro HYWEL TEIFI EDWARDS, Pennaeth Adran y Gymraeg, Prifysgol Cymru, Abertawe.

Dr GWYNFOR EVANS, Llywydd Anrhydeddus Plaid Cymru.

Mrs BRANWEN JARVIS, Uwch-ddarlithydd, Adran y Gymraeg, Prifysgol Cymru, Bangor.

Yr Athro GERAINT H. JENKINS, Cyfarwyddwr, Canolfan Uwchefrydiau Cymreig a Cheltaidd Prifysgol Cymru.

Dr HUW PRYCE, Darlithydd, Adran Hanes a Hanes Cymru, Prifysgol Cymru, Bangor.

Yr Athro Emeritws GLANMOR WILLIAMS, Yr Adran Hanes, Prifysgol Cymru, Abertawe.

Dymuna'r golygydd a'r cyhoeddwyr ddiolch i'r canlynol am ganiatâd i atgynhyrchu'r lluniau hyn:

Adran Gwasanaethau Diwylliannol Cyngor Sir Dyfed: Rhif 25.
Amgueddfa Genedlaethol Cymru: Rhifau 2, 13.
Cwmni Lluniau Hulton: Rhif 32.
Cyngor Celfyddydau Cymru: Rhif 29.
Deon a Chabidwl Eglwys Gadeiriol Caer-gaint: Rhif 1.
Deon a Chabidwl Eglwys Gadeiriol Llanelwy: Rhif 3.
Llyfrgell Brydeinig: Rhif 5.
Llyfrgell Genedlaethol Cymru: Wyneb-lun; Rhifau 4, 6, 7, 8, 9, 10, 11, 12, 14, 15, 16, 17, 18, 19, 20, 21, 22, 23, 24, 35.
Plaid Cymru: Rhifau 31, 33, 34, 36.
Prifysgol Cymru, Aberystwyth: Rhif 26.
Western Mail: Rhifau 27, 30.
Yr Oriel Bortreadau Genedlaethol, Llundain: Rhif 28.

YR EGLWYS A'R GYFRAITH YNG NGHYMRU'R OESOEDD CANOL

Huw Pryce

*A'r mefl a'r sarhad a'r cam a'r niwed a wnelo brenin
Morgannwg a'i ŵr a'i was i esgob Teilo ac i'w ŵr a'i
was, deled brenin Morgannwg i Wyndy Teilo yn Llandaf
i wneuthur gwir a chyfraith a dioddef dyfarniad am y
cam a wneler i esgob Teilo ac i'w ŵr ac i'w was . . .*

Braint Teilo

Y mae ysgolheigion heddiw yn bur betrus wrth geisio dehongli cyfraith Hywel, sef cyfraith gynhenid Cymru a dadogwyd, yn gam neu'n gymwys, ar Hywel Dda, y brenin a fu farw yn 949 neu 950. Gwahanol iawn oedd agwedd John Pecham, archesgob Caer-gaint (1279-92), ar drothwy'r Goncwest Edwardaidd. Iddo ef, yr oedd ystyr y gyfraith yn rhy amlwg o lawer, fel y dengys tri llythyr a ysgrifennodd at Lywelyn ap Gruffudd, tywysog Cymru (m. 1282). Ym mis Tachwedd 1279 cyhuddodd y tywysog o anwybyddu statudau legadau'r pab a phreladau eraill, gan ddefnyddio yn hytrach 'gyfreithiau Hywel Dda y dywedir eu bod mewn sawl cymal yn anghyson â'r Decalog' er mwyn cyfiawnhau atal ei esgobion rhag gwneud ewyllysiau. Erbyn yr haf dilynol, ac yntau bellach wedi gweld testun o'r cyfreithiau, datganodd Pecham wrth Lywelyn eu bod yn cynnwys 'llawer o bethau afresymol a gondemnir hyd yn oed gan eich pobl eich hunain' a'u bod yn groes i ddysgeidiaeth yr Hen Destament a'r Testament Newydd, yn arbennig gan nad oeddynt yn pennu cosbau am lofruddiaeth a throseddau eraill. Yna, ym mis Tachwedd 1282, mynnodd fod y Cymry yn dibrisio priodas drwy ganiatáu i feibion anghyfreithlon etifeddu tir tra'n 'ymwrthod â gwragedd cyfreithlon oherwydd y sêl bendith a roddir i ysgariad gan Hywel Dda, yn groes i'r Efengyl'; yn nes ymlaen yn y llythyr aeth yr archesgob mor bell â datgan mai'r diafol oedd gwir awdur y gyfraith.

O ddarllen geiriau Pecham byddai'n hawdd meddwl nad oedd fawr o gariad rhwng yr Eglwys a'r gyfraith Gymreig yn yr Oesoedd Canol. Ategir yr argraff honno gan feirniadaeth eglwyswyr cynharach, sef Ieuan o Gaersallog (c. 1115/20-80) a Gerallt Gymro (1146-1223), ar arferion priodasol y Cymry, arferion a gofnodir yn y llyfrau cyfraith. Hyd yn oed pe na bai gennym feirniadaeth o'r fath, byddai'n anodd osgoi'r casgliad y buasai agweddau ar gyfraith Hywel yn dân ar groen unrhyw eglwyswr diwyg-

1 Beddrod yr Archesgob John Pecham yn eglwys gadeiriol Caer-gaint.

iadol ei fryd yn y ddeuddegfed ganrif a'r drydedd ganrif ar
ddeg. Mae'r adran yn y llyfrau cyfraith ar 'gyfraith y
gwragedd' yn cynnwys rheolau manwl ar ysgariad na ellid
mo'u cysoni â'r gyfraith ganonaidd. Yn wir, yr oedd
llyfrau cyfraith Hywel, a gyfansoddwyd ar eu ffurf bres-
ennol o ddiwedd y ddeuddegfed ganrif ymlaen, bron yn
unigryw ymhlith testunau cyfraith seciwlar Ewrop eu
dydd wrth anwybyddu dysgeidiaeth yr Eglwys ar briodas,
gan lynu'n hytrach wrth arferion a oedd yn debycach i'r
rhai a fu'n fwy cyffredin yn yr Oesoedd Canol cynnar.
Mae'n amlwg hefyd fod y gwŷr cyfraith Cymreig yn
sylweddoli y gellid cyhuddo'r gyfraith o fod yn anfoesol ac
annuwiol. Dyna paham y mae'r rhan fwyaf o'r llyfrau
cyfraith yn agor gyda rhaglithiau sy'n honni bod Hywel
Dda wedi cael cymorth a chefnogaeth eglwyswyr pan aeth
ati i ddiwygio cyfraith Cymru, mewn cynulliad a gynhal-
iwyd yn ystod y Grawys, yn ôl rhai fersiynau, a bod yr
eglwyswyr wedi bendithio pawb a gadwai'r cyfreithiau a
melltithio unrhyw un a feiddiai eu torri.

    Eto i gyd, camgymeriad fyddai dehongli'r berthynas
rhwng yr Eglwys a'r gyfraith yn nhermau gwrthdaro yn
bennaf. I'r gwrthwyneb, nodweddid y berthynas i raddau
helaeth gan gydweithrediad yn hytrach na gelyniaeth.
Rhaid cofio nad corff unffurf oedd yr Eglwys a gochel rhag
credu bod Pecham neu ddiwygwyr eglwysig eraill yn
cynrychioli barn trwch eglwyswyr Cymru ei hun; dichon
mai lleiafrif bach yn unig o glerigwyr, yn byw, neu (fel
Gerallt) wedi eu haddysgu, y tu allan i Gymru, oedd yn
drwm eu llach ar gyfraith ac arferion y Cymry. Yn achos
Pecham, rhaid cofio ymhellach ei fod yn ysgrifennu ar
adeg o argyfwng gwleidyddol pan oedd y defnydd o'r
gyfraith Gymreig, a arddelwyd gan Lywelyn ap Gruffudd
fel symbol o annibyniaeth genedlaethol, yn bwnc llosg yn
yr ymrafael rhwng y tywysog a'r Brenin Edward I. Mewn
gwirionedd, y tebyg yw mai lleygwyr o Gymry oedd y prif
wrthwynebwyr i agweddau ar gyfraith Hywel yn y drydedd

ganrif ar ddeg: yn ôl tystiolaeth yr archwiliad i gyfraith Cymru a drefnwyd gan Edward I ym 1280-1, gwell gan lawer o bobl oedd profi achosion drwy farn rheithgor, sef dull cyfraith Lloegr, yn hytrach na dibynnu ar ddulliau mwy ceidwadol y gyfraith gynhenid—sef, fel arfer, llwon i gadarnhau cyhuddiad neu amddiffyniad gan un o'r pleidiau. Honnwyd hefyd fod tywysogion Gwynedd wedi newid y gyfraith. Yn ôl un tyst, bu Dafydd ap Llywelyn (1240-6) yn gyfrifol am ddiddymu cyfraith galanas, gan roi'r cyfrifoldeb am lofruddiaeth ar y llofrudd yn unig yn hytrach nag ar ei holl geraint.

Nid dyma'r lle i fanylu ar yr her a wynebai cyfraith Hywel erbyn y drydedd ganrif ar ddeg ac i geisio pwyso a mesur y graddau y defnyddid y gyfraith honno yn y gymdeithas Gymreig. Diau fod y darlun yn llawer mwy cymhleth nag y byddwn yn tybio drwy gyfyngu ein sylw i'r llyfrau cyfraith, lle cawn yr argraff mai un gyfraith yn unig a deyrnasai yng Nghymru ac mai at ei hegwyddorion hi y byddid yn troi bob amser wrth ffurfio contractau neu ddatrys anghydfodau ynglŷn â thir neu faterion eraill. Ond oni lwyddodd y gyfraith Gymreig i gornelu'r farchnad gyfreithiol yn llwyr, anodd dal mai oherwydd beirniadaeth eglwyswyr a'i hystyriai'n anfoesol yr oedd hynny. Nid moesau'r gyfraith a oedd wrth wraidd y gwrthwynebiad iddi yn gymaint â'r ffaith ei bod yn geidwadol neu'n henffasiwn ar sawl cyfrif o'i chymharu â llawer o gyfreithiau seciwlar eraill Ewrop, gan gynnwys y gyfraith gyffredin yn Lloegr a ddatblygodd o'r ddeuddegfed ganrif ymlaen. Dyna'r llinyn cyswllt rhwng pynciau dadleuol megis priodas, galanas a'r ddibyniaeth ar lwon fel dull o brofi achosion. Er enghraifft, drwy fynnu bod llofrudd a'i berthnasau'n talu iawndal i geraint y person a lofruddiwyd, yr oedd y rheolau ar alanas yn debyg i gyfraith gynnar Iwerddon neu gyfreithiau'r pobloedd Almaenaidd megis yr Eingl-Sacsoniaid, ond yr oeddynt yn wahanol iawn i gyfraith Lloegr a farnai, erbyn y drydedd ganrif ar ddeg, fod llofruddiaeth yn gyfrifoldeb y llofrudd yn unig a bod rhaid ei ddienyddio am ei drosedd.

Yn wir, cyfraith Lloegr, ac nid y gyfraith ganonaidd, oedd y brif ffon fesur a ddefnyddid gan eglwyswyr a lleygwyr fel ei gilydd wrth feirniadu'r gyfraith Gymreig. Nid oedd amheuaeth gan Pecham nad oedd cyfreithiau Edward I yn rhagori ar rai Llywelyn ap Gruffudd, ac mae'n amlwg fod eglwyswyr eraill wedi cymeradwyo'r gyfraith Seisnig ar draul arferion y Cymry, nes peri i rai o'r gwŷr cyfraith Cymreig gredu bod elfennau o gyfraith Lloegr yn rhan o'r gyfraith ganonaidd. O leiaf, dyna a awgryma un darn yn Llyfr Iorwerth, llyfr cyfraith a gyfansoddwyd yng Ngwynedd yn gynnar yn y drydedd ganrif ar ddeg, lle datgana un fersiwn (wedi ei ddiweddaru yma, fel yn achos pob dyfyniad arall o'r llyfrau cyfraith yn yr ysgrif hon):

> Cyfraith eglwys a ddywed nad oes hawl gan unrhyw fab i dref ei dad [sef tir teuluol] ar wahân i'r mab hynaf o'r wraig briod. Cyfraith Hywel a'i dyfarna i'r mab ifancaf megis i'r hynaf, ac a ddyfarna na ddylid dodi pechod nac anghyfraith y tad yn erbyn y mab mewn perthynas â thref y tad.

Nid cyfraith yr Eglwys mo'r rheol yn y frawddeg gyntaf eithr cyfraith aristocrataidd Lloegr a fynnodd, er yn gynnar yn y ddeuddegfed ganrif, mai dim ond y mab cyfreithlon hynaf a gâi etifeddu ystadau ei dad. Wrth gwrs, yr oedd y cysyniad o gyfreithlondeb yn un eglwysig, ond nid oedd y gyfraith ganonaidd fel y cyfryw yn gwrthod yr hawl i blant anghyfreithlon etifeddu a gwyddom fod llysoedd yr eglwys mewn rhai mannau yn Ewrop wedi amddiffyn hawl plant a aned y tu allan i briodas i gyfranogi o etifeddiaeth y ddau riant. Mae'n arwyddocaol fod Llywelyn ap Iorwerth (m. 1240) wedi mabwysiadu'r egwyddor o gyntafanedigaeth gyfreithlon wrth drefnu'r olyniaeth i dywysogaeth Gwynedd drwy gyhoeddi Dafydd, ei fab gan ei wraig Siwan, yn olynydd yn lle ei fab hŷn ond anghyfreithlon, Gruffudd—trefniant a dderbyniodd sêl bendith y Pab Honorius III ym 1222. Er nad oes dystiolaeth fod Llywelyn wedi bwriadu ymestyn yr egwyddor hon i'r trefniadau ar gyfer etifeddu tir yn gyffredinol, mae'n ddigon posibl fod ei gyhoeddiad o blaid Dafydd wedi ysgogi gwŷr cyfraith Gwynedd i gadarnhau'r arfer Gymreig o rannu tir rhwng pob mab, gan gynnwys unrhyw un a aned y tu allan i briodas ac a oedd wedi ei arddel gan ei dad. Os felly, nid ymateb i her uniongyrchol gan yr Eglwys yr oedd cynheiliaid y gyfraith gynhenid ond yn hytrach her gan leygwyr yng Nghymru, a'r tywysogion yn enwedig, a fu'n barod i fenthyca rhai o egwyddorion cyfraith Lloegr a hefyd i ddadlau bod y rheini'n fwy cyson â dysgeidiaeth yr Eglwys na'r arferion a ganiateid o dan gyfraith Hywel.

Eto byddai'n gamarweiniol i roi'r argraff fod pob un o'r elfennau y gellid eu hystyried yn henffasiwn yng nghyfraith Hywel o'i chymharu â chyfraith Lloegr yn agored i ddadleuon o'r fath. Oherwydd agwedd arall ar geidwadaeth y gyfraith Gymreig yw'r ffordd y dibynnai yn drymach yn ei gweinyddiad ar sancsiynau crefyddol a chydweithrediad eglwysig na'r rhan fwyaf o gyfreithiau seciwlar Ewrop yn y ddeuddegfed ganrif a'r drydedd ganrif ar ddeg. Mae'n wir na ddefnyddid y diheurbrawf, dull cyffredin o brofi achosion anodd nes iddo gael ei wahardd gan y Pab Innocent III ym Mhedwerydd Cyngor y Lateran yn Rhufain ym 1215, lle gofynnid i Dduw farnu achos drwy orfodi rhywun a gyhuddwyd o drosedd i ddioddef prawf megis trochi ei law mewn dŵr berwedig neu afael mewn haearn poeth: pe llwyddai'r person i ddod drwy'r prawf yn ddianaf dehonglid hynny yn arwydd fod Duw wedi ei farnu yn ddieuog. Eto, diolch i'r defnydd helaeth o'r llw, yr oedd dimensiwn crefyddol cryf i bob gweithred gyfreithiol. Fel arfer, tyngid ar greiriau sant—weithiau uwchben bedd y sant, ond yn amlach mae'n debyg ar rywbeth y credid ei fod yn eiddo iddo, megis cloch neu fagl (sef ffon), a hynny naill ai y tu mewn i eglwys neu y tu allan iddi. Gwyddom fod eglwyswyr wedi pwysleisio y byddai'r saint yn dial ar unrhyw un a'u dirmygai drwy dorri llw o'r fath a cheid sancsiynau eraill hefyd. Pe darganfyddid bod rhywun wedi tyngu llw ffals a'i fod felly yn euog o anudon, byddai'n rhaid iddo wneud penyd—a weinyddid gan yr Eglwys, wrth reswm—yn ogystal â thalu tair buwch neu bymtheg swllt i'r brenin neu'r arglwydd. At hynny, ychwanegid at naws grefyddol rhai llwon drwy ddisgwyl i'r rheithwyr a gadarnhâi wadiad amddiffynnwr mewn achos gynnwys tri pherson a elwid yn ddiofrydogion, sef dynion, meudwyaid o bosibl, a oedd wedi gwneud diofryd—hynny yw, adduned—i ymwadu â thri (fel arfer) o'r moethau canlynol: marchogaeth, cig, gwragedd neu liain.

Agwedd arall ar gyfraniad crefydd a'r Eglwys i brosesau'r gyfraith oedd briduw, sef dull arbennig o ffurfio contract.

2   Cloch Gwynhoedl Sant (9fed—11eg ganrif) o eglwys Llangwnnadl yn Llŷn; y math o grair y byddid yn tyngu llwon arno mewn prosesau cyfreithiol.

Hanfod y broses oedd fod unigolyn, wrth addo talu swm penodedig am ddafad neu fuwch, dyweder, yn galw ar Dduw i warantu'r ymrwymiad yn lle trefnu bod gwarant- wr dynol, sef mach, yn cyflawni'r swyddogaeth honno. Ystyr lythrennol briduw oedd bri neu anrhydedd Duw, ac awgryma hyn fod syniad yn ymhlyg yn y dull hwn o wneud contract y byddai Duw'n cosbi'r sawl a feiddiai Ei sarhau drwy dorri'r amodau y cytunwyd arnynt. Fodd bynnag, erbyn y drydedd ganrif ar ddeg rhagdybiwyd y byddai'r awdurdodau eglwysig a seciwlar yn gweithredu ar ran Duw. Yng ngeiriau Llyfr Iorwerth:

Yr eglwys a'r brenin a ddylai orfodi briduw, canys Duw a gymerwyd yn lle mach, a'r eglwys biau'r hawl i'w wahardd am friduw a'r brenin i'w orfodi.

Mae'n debyg fod y rheol hon yn cyfeirio at sefyllfa lle y byddai rhywun yn gwrthod talu naill ai ar ôl iddo gyfaddef rhoi briduw neu ar ôl iddo golli rhaith wrth geisio ei wadu. Gan nad oedd mach dynol ar gael i orfodi'r dyledwr i dalu, rhaid oedd troi am gymorth at y brenin neu'r tywysog yn ogystal â galw ar yr Eglwys i wahardd y person rhag derbyn rhai breintiau, gan gynnwys o bosibl dderbyn bara offeren a dŵr cysegredig, a hyd yn oed y cymun, yn ei eglwys blwyf. (Gwelir cydweithrediad cyffelyb mewn un rheol gyfreithiol sy'n ymwneud ag esgymundod, lle rhagwelir y bydd arglwydd yn atafaelu eiddo rhywun sydd wedi ei esgymuno am fwy na diwrnod a mis.)

Mae dibyniaeth y gyfraith ar sancsiynau crefyddol a chymorth yr Eglwys yn rhagdybio parodrwydd ar ran clerigwyr i dderbyn cyfraith Hywel yn elfen annatod o'r gymdeithas ac i chwarae rhan yn ei gweinyddiad. Yn ogystal â hynny, rhaid pwysleisio bod y gyfraith yn bur barchus o statws a hawliau eglwyswyr ac eglwysi. Mae'n wir fod Pecham wedi cwyno bod Llywelyn ap Gruffudd yn apelio at awdurdod cyfraith Hywel drwy wrthod yr hawl i esgobion wneud ewyllysiau. Ni ellir gwadu ychwaith nad oedd llyfrau cyfraith Gwynedd yn y drydedd ganrif ar ddeg yn ceisio cyfyngu ar rym tymhorol arglwyddi eglwysig drwy roi hawliau sylweddol i'r tywysog dros denantiaid esgobion, abadau ac Ysbytywyr Ieuan Sant, a bod ymgais hefyd i sicrhau na fyddai hawliau eglwysi i estyn noddfa neu loches i ffoaduriaid rhag y gyfraith yn andwyol i'r awdurdod seciwlar. Ar y llaw arall, anodd dal bod gwŷr cyfraith Gwynedd yn hollol elyniaethus i'r Eglwys: yr oeddynt yn barod i bennu dirwyon am achosi difrod i eglwysi ac i dderbyn mai swyddogaeth offeiriad oedd gwrando ar leygwyr yn cymynnu eu heiddo. Mae'n bosibl hefyd fod rhai o'r cyfyngiadau a osodwyd ar bwerau arglwyddiaethol eglwyswyr yn gyson ag egwyddorion y gyfraith ganonaidd. Er enghraifft, drwy fynnu mai'r tywysog a ddylai weinyddu barn ar ladron a oedd yn denantiaid eglwysig, gallasai'r gwŷr cyfraith fod wedi cyfeirio at reolau'r gyfraith ganonaidd a waharddai eglwyswyr rhag cyhoeddi dedfrydau a olygai dywallt gwaed, gan mai dienyddiad oedd y gosb am rai mathau o ladrad. Ac mae'r llyfrau cyfraith a gyfansoddwyd yn ne Cymru yn fwy hael tuag at fuddiannau'r Eglwys, er enghraifft, drwy ddatgan na ddylid barnu eglwyswyr a gyhuddid o droseddau yn y llysoedd seciwlar a thrwy fanylu ar hawliau eglwysi i weinyddu barn ar y rhai a oedd wedi ceisio noddfa ynddynt. Yn y de hefyd, mae'n debyg, y lluniwyd rheol sy'n dweud bod taeogdref lle cysegrwyd eglwys a chanddi offeiriad a hawliau claddu i'w hystyried bellach yn dref rydd, gan ddyrchafu ei statws yn sylweddol.

Wrth sôn am hawliau eglwysi dros eu tenantiaid, dyma ddod at un o'r prif resymau dros ddiddordeb eglwyswyr yng nghyfraith Hywel a'u parodrwydd i'w chefnogi: yn syml iawn, yr oedd yn elfen hanfodol o'u grym fel arglwyddi. Fel y crybwyllwyd eisoes, y mae rhai o'r llyfrau cyfraith yn awgrymu bod gwŷr cyfraith Gwynedd yn awyddus i leihau hawliau arglwyddiaethol abadau, esgobion a'r Ysbytywyr yn oes Llywelyn Fawr, a dengys ffynonellau eraill fod yr hawliau hyn yn destun dadlau a gwrthdaro rhwng Llywelyn ap Gruffudd ac esgobion Bangor a Llanelwy yn arbennig. Un pwnc llosg oedd hawl yr esgobion i gymryd eiddo tenantiaid a oedd wedi marw heb wneud ewyllys; yr enw ar eiddo o'r fath oedd 'marwdy'. Cwynodd Pecham ym 1279 fod Llywelyn ap Gruffudd yn meddiannu eiddo tenantiaid esgobol diewyllys yn groes i gyfraith yr Eglwys, ond mae'n debyg mai gwir gŵyn yr esgobion oedd fod y tywysog yn eu hamddifadu o'u hawl fel arglwyddi o dan y gyfraith Gymreig i elwa ar ffynhonnell werthfawr o gyfoeth a'u bod hwythau yr un mor barod â Llywelyn i anwybyddu'r gyfraith ganonaidd a fynnai, mewn gwirionedd, na ddylai eglwyswyr namyn goruchwylio sut y rhennid eiddo pobl ddiewyllys yn hytrach na chaniatáu iddynt gipio'r eiddo eu hunain. Dichon fod yr esgobion yn glynu wrth y rheol yn y llyfrau cyfraith sy'n datgan bod hawl gan unrhyw arglwydd i dderbyn 'marwdy' gan denant pedair ar ddeg mlwydd oed neu fwy a fyddai farw heb etifedd, tra byddai'n well gan y tywysog gyfeirio o bosibl at adran arall o'r llyfrau sy'n cynnwys 'marwdy' ymhlith yr 'wyth pynfarch brenin', sef yr wyth hawl a oedd yn rhagorfraint i'r brenin neu'r tywysog yn unig.

Os oedd arglwyddi eglwysig am elwa ar adnoddau materol fel 'marwdy', felly, nid oedd fawr o ddewis ganddynt ond i ddeall y gyfraith seciwlar neu o leiaf i gyflogi arbenigwyr yn y gyfraith honno. Dyna sy'n esbonio, hwyrach, paham yr oedd Anian II, esgob Llanelwy (1268-93), yn berchen ar gopi o'r llyfr cyfraith Llyfr Iorwerth. Mae'r llyfr hwnnw yn cymryd yn ganiataol y byddai gan eglwyswyr lysoedd ar gyfer eu tenantiaid; a rhaid mai rhyw ffurf ar y gyfraith gynhenid, yn hytrach na'r gyfraith ganonaidd, a weinyddid yn y llysoedd hynny. Ar yr un pryd, y tebyg yw fod symudiadau ar droed yn y drydedd ganrif ar ddeg i gyfyngu ar bwerau arglwyddiaethol esgobion ac abadau. Holl ergyd y rheolau perthnasol yn Llyfr

3   Delw tybiedig o'r Esgob Anian 11 o Lanelwy yn eglwys gadeiriol Llanelwy.

Iorwerth a thestunau cyfraith eraill a gyfansoddwyd yng
Ngwynedd yn gynnar yn y ganrif honno yw cyhoeddi
blaenoriaeth y tywysog dros hawliau tymhorol yr eglwys-
wyr. 'Ny ddylai un tir fod yn ddi-frenin', meddai un adran
yn groyw ar ddechrau ei hymdriniaeth â'r hawliau hyn. Yn
ymhlyg yn yr ymdrech hon i gynyddu hawliau'r tywysog
ar draul rhai'r arglwyddi eglwysig yw'r tebygolrwydd fod
hawliau abadau ac esgobion yn eang iawn tan o leiaf
ddechrau'r drydedd ganrif ar ddeg, mor eang nes i'r gwŷr
cyfraith—a hefyd, yn ôl pob tebyg, Llywelyn Fawr a'i
gynghorwyr—farnu mai'r hawliau hyn oedd y prif rwystrau
rhag ymestyn a chryfhau awdurdod y tywysog dros ei
diriogaeth yng Ngwynedd. (Mesur o faintioli hawliau'r
eglwysi yw'r ffaith na welir ymgais gyffelyb yn y llyfrau
cyfraith i leihau hawliau arglwyddi lleyg.)

Ceir ychydig o dystiolaeth arall sy'n awgrymu bod o
leiaf rai eglwysi Cymreig wedi meddu ar hawliau pur eang
i weinyddu barn seciwlar dros leygwyr cyn tua 1200. Ym
1274 cynhaliodd Anian II, esgob Llanelwy, gwest i brofi
bod ganddo'r hawl i dderbyn hanner y dirwyon mewn
achosion o ladrad lle na chrogid y lleidr. Yr oedd Anian yn
ymladdwr dygn dros hawliau ei eglwys ac yn benderfynol
o rwystro Llywelyn ap Gruffudd rhag derbyn y cwbl o'r
dirwyon dan sylw. Rhoddodd y tystion a holwyd lu o
enghreifftiau o ddirwyon am ladrad yn cael eu rhannu
rhwng yr esgob a'r tywysog er yn gynnar yn y drydedd
ganrif ar ddeg; clywn, er enghraifft, am ddau ŵr a gafwyd
yn euog o ddwyn saith dafad a oedd yn eiddo i Siwan,
gwraig Llywelyn Fawr. Yr hyn sydd fwyaf perthnasol i'r
drafodaeth bresennol, fodd bynnag, yw'r rhagarweiniad i'r
adroddiad o'r cwest, lle honnir mai cyfaddawd oedd
rhannu'r dirwyon a wnaed yn sgil penderfyniad gan eglwys
Llanelwy i ildio i'r awdurdod seciwlar bob hawl mewn
achosion lle dyfernid y gosb eithaf. Cyn hynny, arferai
esgobion a chabidwl Llanelwy:

weinyddu drwy eu beilïaid bob barn, boed achosion gwaed neu bopeth arall a arferid ei wrando yn y llys seciwlar, gan gadw eu crocbren eu hunain ar gyfer difa drwgweithredwyr.

Eir ymlaen i esbonio bod yr esgob a'i eglwys wedi rhoi'r gorau i ddienyddio lladron rhag cael eu condemnio am dorri'r gyfraith ganonaidd. Cyfeiriad oedd hwn, mae'n rhaid, at waharddiad y gyfraith honno o'r ddeuddegfed ganrif ymlaen ar glerigwyr rhag gweinyddu barn mewn achosion a allai arwain at ddedfryd lle byddai tywallt gwaed yn anorfod. Gan fod rhai tystion yn cofio am ddirwyon yn cael eu rhannu cyn 1224, mae'n debyg bod eglwys Llanelwy wedi cyfyngu ar ei hawliau arglwydd-iaethol sylweddol tua dechrau'r drydedd ganrif ar ddeg. Hyd yn oed wedyn, wrth gwrs, yr oedd gan yr esgobion hawliau pwysig dros eu tenantiaid, ond bellach nid oeddynt mor eang â hawliau'r tywysog.

Gwaetha'r modd, prin yw'r dystiolaeth am natur hawliau arglwyddiaethol y mwyafrif mawr o eglwysi Cymru cyn y drydedd ganrif ar ddeg. Ond mae gennym un ddogfen bwysig sy'n dangos bod hawliau gweinyddu barn eang wedi eu mynnu, o leiaf, gan eglwys arall ar wahân i Lanelwy. Enw'r ddogfen yw *Braint Teilo*, ac fe'i cedwir yn Llyfr Llandaf, llyfr efengyl a ysgrifennwyd yn y ddeuddeg-fed ganrif ac sy'n cynnwys copïau o siarterau a dogfennau eraill a gynhwyswyd er mwyn ceisio profi teitl eglwys Llandaf—a honnodd mai Teilo Sant a'i sefydlodd—i diroedd a hawliau yn ne Cymru. Ysgrifennwyd *Braint Teilo* yn Gymraeg ac y mae'n frith o dermau cyfreithiol sy'n awgrymu bod y sawl a'i lluniodd yn hyddysg yn y gyfraith gynhenid ac yn ei hystyried yn gyfrwng hollol naturiol i awdurdod Llandaf pan gyfansoddwyd y ddogfen ar ei ffurf bresennol rhwng tua 1110 a 1129, sef yn ystod y cyfnod pan oedd Robert, iarll Caerloyw, yn arglwydd ar Forgannwg. (Dylid ychwanegu bod ail ran y ddogfen, fodd

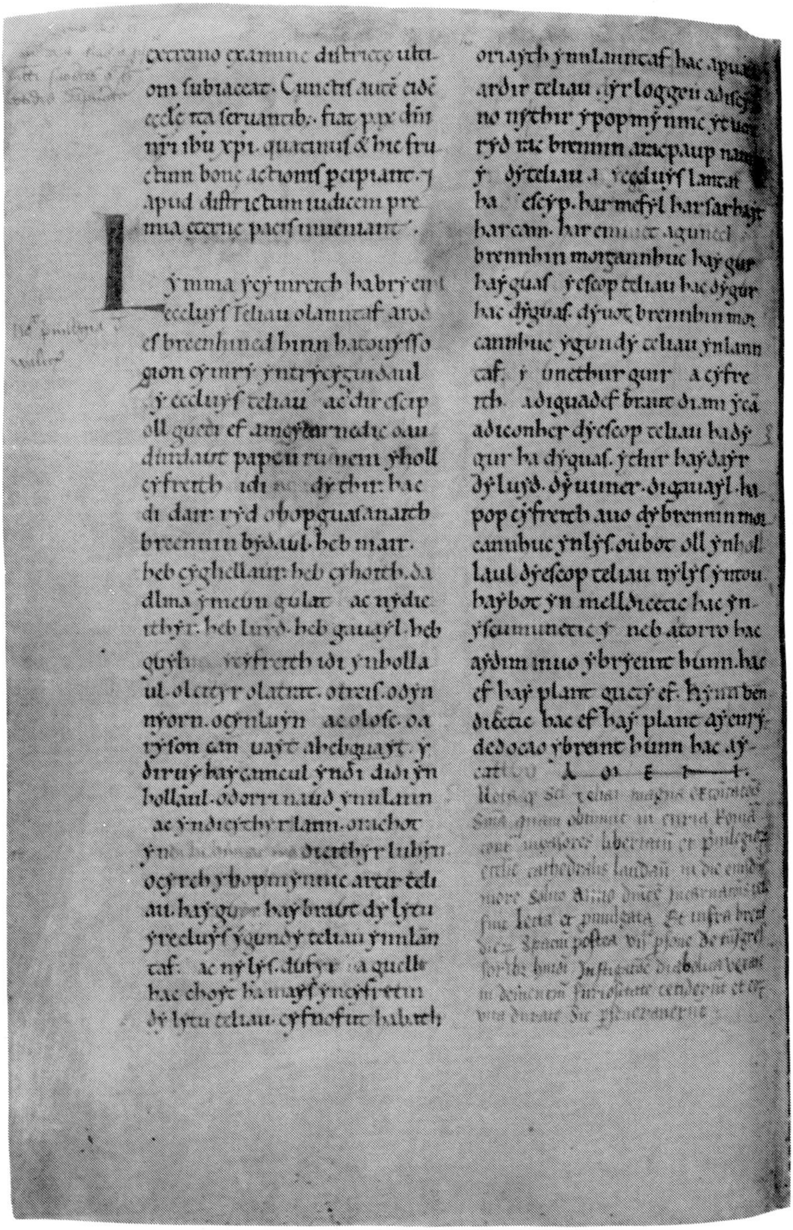

4 Testun *Braint Teilo* yn Llyfr Llandaf (LLGC LlS.17110E).

bynnag, wedi ei chyfansoddi yn wreiddiol, yn ôl pob tebyg, yn y cyfnod cyn i'r Normaniaid oresgyn Morgannwg ar ddiwedd yr unfed ganrif ar ddeg.)

Mae'r ddogfen yn agor fel hyn (dilynaf ddiweddariad Morfydd Owen):

> Dyma gyfraith a braint eglwys Teilo o Landaf a roes y brenhinoedd hyn a thywysogion Cymru yn dragwyddol i Eglwys Teilo ac i'r holl esgobion ar ei ôl ef, wedi ei gadarnhau gan awdurdod pabau Rhufain: ei holl gyfraith iddi ac i'w thir ac i'w daear, yn rhydd oddi wrth bob gwasanaeth i frenin bydol, heb faer, heb gynghellor, heb lysoedd cyhoeddus yn y wlad na thu allan i'r wlad, heb godi byddinoedd, heb afael, heb wylfa. Ei holl gyfraith iddi yn llwyr yn achos lleidr a lladrad, trais, llofruddiaeth, llofruddiaeth gudd, a thân . . . yn achos noddfa yn y llan neu y tu allan i'r llan . . .

Mae'r ail ran yn fyrrach ac wedi ei hanelu at frenin Morgannwg, gan hawlio awdurdod cyffelyb i'w eiddo yntau:

> A'r mefl a'r sarhad a'r cam a'r niwed a wnelo brenin Morgannwg a'i ŵr a'i was i esgob Teilo ac i'w ŵr a'i was, deled brenin Morgannwg i Wyndy Teilo yn Llandaf i wneuthur gwir a chyfraith a dioddef dyfarn-iad am y cam a wneler i esgob Teilo ac i'w ŵr ac i'w was . . . a phob cyfraith a fo i frenin Morgannwg yn ei lys i fod yn gyfan i esgob Teilo yn ei lys yntau. A bydd y sawl a dorro ac a ddifao y fraint hon yn felltigedig ac yn esgymunedig; ac ef a'i blant ar ei ôl ef. Bendigedig fyddo'r dyn a'i blant a anrhydeddo'r fraint hon a'i cadwo.

Wrth gwrs, rhaid derbyn mai propaganda yw'r ddogfen yn y bôn yn hytrach na disgrifiad manwl gywir o hawliau

Llandaf. Mae'n annhebygol iawn i'r hawliau eang a restrwyd yn y rhan gyntaf gael eu gwireddu: ni sonnir am y rhan fwyaf ohonynt, gan gynnwys yr hawl i weinyddu barn ar ladron a llofruddion, yn y cytundeb a wnaed rhwng yr Esgob Urban a Robert o Gaerloyw ym 1126 er mwyn diffinio hawliau ei gilydd, a dichon fod presenoldeb castell Caerdydd, canolfan grym arglwydd Morgannwg, mor agos i'r eglwys wedi ei rhwystro rhag cadw neu ddatblygu'r hawliau a fynnai. Nid oes sicrwydd ychwaith fod gan yr eglwys awdurdod hafal i'r eiddo brenin Morgannwg cyn y goncwest Normanaidd fel y datgenir yn ail ran y ddogfen. Yr hyn sy'n sicr, fodd bynnag, yw bod Llandaf wedi anelu at adeiladu arglwyddiaeth seciwlar dros ei thiroedd a gynhwysai weinyddiad barn dros bob math o achosion a bod ei chlerigwyr yn barod i fynegi eu huchelgais yn unol â'r gyfraith gynhenid. A gellir tybio nad oedd Llandaf yn unigryw yn hyn o beth: cawn ym muchedd Cadog Sant, gwaith a gyfansoddwyd tua 1100 gan Lifris o Lancarfan (eglwys arall ym Morgannwg), chwedlau sy'n disgrifio sut y llwyddodd y sant i drechu gelynion megis y Brenin Arthur mewn achosion llys yn ogystal â deunydd arall sy'n dangos bod yr awdur yn gyfarwydd â'r gyfraith seciwlar.

Nodwedd arall sy'n gyffredin i *Fraint Teilo* a Buchedd Cadog Sant yw'r ffordd y cysylltir hawliau eglwys â'i sylfaenydd tybiedig, sef ei nawddsant. Dyma gysyniad a welir hefyd yn y llyfrau cyfraith: er enghraifft, esbonnir bod yr iawndal am wneud niwed i eglwys i'w dalu i'r sant yn arbennig, gan olygu'r clerigwyr—neu'r lleygwyr—a oedd yn berchen ar diroedd yr eglwys yn rhinwedd eu safle fel etifeddion i'r sant. Yn yr un modd, cyfeirir at ywen mewn mynwent fel 'ywen sant'. Defnyddir y term 'braint' hefyd yn y llyfrau cyfraith wrth drafod hawliau eglwysi, yn arbennig mewn adran yn Llyfr Iorwerth sy'n ymdrin â hawliau eglwysi i gynnig lloches, neu, a defnyddio geiriau'r testunau canoloesol, nawdd neu noddfa.

Dylai holl berchnogion tir llan ddod at bob brenin [sef
tywysog] newydd a ddêl er mwyn datgan iddo eu
braint a'u dyled [sef hawl]. A'r rheswm pam y dat-
ganant iddo ef yw rhag iddynt dwyllo'r brenin. Ac ar
ôl iddynt ddatgan iddo eu braint, os gwêl y brenin fod
eu braint yn iawn, bydded i'r brenin estyn iddynt eu
braint a'u noddfa.

Mae'r frawddeg olaf yn awgrymu bod yr hawl i gynnig
noddfa yn agwedd sylfaenol ar fraint eglwys, a chadarnheir
hyn gan amryw o ffynonellau eraill, gan gynnwys y rhan
gyntaf o *Fraint Teilo* a ddyfynnwyd uchod. Yr oedd hawl i
gynnig lloches i ffoaduriaid a ofnai gosb gorfforol yn sgil
achos cyfreithiol neu ymosodiad gan ryw elyn yn gyffredin
i eglwysi Ewrop er yn gynnar iawn yn yr Oesoedd Canol.
Fel arfer, fodd bynnag, a dyna farn y gyfraith ganonaidd
ryngwladol a gasglwyd ynghyd gan Gratian yn ei *Decretum*
tua 1140 ac mewn casgliadau diweddarach, cyfyngid yr
hawl i'r eglwys ei hun a'i chyffiniau cyfagos. Yng Nghymru,
ar y llaw arall, yn debyg i Iwerddon a rhannau o Lydaw a
hefyd rai eglwysi yn Lloegr, gallai'r noddfa ymestyn dros
gylch eang o gwmpas yr eglwys, gan ddod yn elfen o'i
harglwyddiaeth diriogaethol.

Pwysleisir ehangder anarferol noddfâu yng Nghymru
mewn disgrifiad enwog ohonynt gan Gerallt Gymro,
disgrifiad sydd hefyd yn tynnu sylw at y camddefnydd a
wneid o'r fraint hon ar brydiau. Ar ôl canmol parch
eithriadol y Cymry at eglwysi ac eglwyswyr, â rhagddo (a
dyfynnu o gyfieithiad Thomas Jones) i nodi bod eu heglwysi
yn cael:

> heddwch llawer mwy nag mewn mannau eraill.
> Oherwydd nid yn unig yn y mynwentydd, ond hefyd
> ymhell y tu allan iddynt, ar hyd y ffiniau a'r ffosydd
> pellaf, sydd wedi eu gosod a'u penderfynu gan yr
> esgobion er mwyn heddwch, rhoddir llonydd i'r

anifeiliaid wrth bori. Ond rhydd yr eglwysi mwyaf, y dug eu hynafiaeth fwy o barch iddynt, lonydd i'r preiddiau cyn belled ag y gallont fyned allan i bori yn y bore a dychwelyd gyda'r hwyr. Ac felly, os digwydd bod rhywun wedi tynnu am ei ben elyniaeth angheuol rhyngddo a'i dywysog, os cais noddfa'r eglwys, llawenha yn yr un tangnefedd iddo ef ei hun, ac i'w deulu: yn gymaint felly â bod llawer yn camddefnyddio'r sicrwydd diogelwch hwn, gan fyned ymhell y tu hwnt i oddefiad y canonau, na sicrhânt ar achlysur o'r fath ond diogelwch i gorff ac aelodau; ac oherwydd y diogelwch hwn, ânt yn fwy beiddgar yn eu gelyniaeth, ac o'r noddfâu hyn, hyd yn oed, drygant yr holl wlad ar bob tu, yn ogystal ag ymosod yn dost ar y tywysog ei hun.

Nid gormodiaith oedd honni bod noddfâu'n troi'n fannau ar gyfer cynnull milwyr yng Nghymru'r ddeuddegfed ganrif. Clywn, er enghraifft, ym *Mrut y Tywysogyon* sut y galwodd Hywel a Chynan, meibion Owain Gwynedd, eu dilynwyr allan o noddfâu'r eglwysi ym Meirionnydd ym 1147 wrth baratoi i ymosod ar eu hewythr, Cadwaladr ap Gruffudd ap Cynan. Ac mae'r ffaith fod adran gyfan wedi ei neilltuo i ddiffinio hawliau noddfa yn Llyfr Iorwerth yn awgrymu bod yr agwedd hon ar fraint eglwysi yn peri anesmwythder yng Ngwynedd yn gynnar yn y drydedd ganrif ar ddeg, er mai canolbwyntio ar yr oblygiadau cyfreithiol yn hytrach na'r rhai milwrol a wneir yno. Eto, mae'n bwysig nodi bod yr hawliau hyn wedi esblygu o sefydliad a fu'n wreiddiol yn hanfodol seciwlar a brodorol, yn ôl pob tebyg, sef yr hawl gan aelodau breintiedig o'r gymdeithas, a'r brenin ac aelodau o'i lys yn enwedig, i gynnig lloches neu nawdd am gyfnod, neu dros le, penodedig, yn hytrach na hawl a ganiateid gan y gyfraith ganonaidd ryngwladol. Eto i gyd, fel y dengys yr hyn a ddigwyddodd yn Iwerddon mor gynnar â'r seithfed ganrif, mae'n ymddangos bod y sefydliad hwn wedi ei addasu wedyn drwy ei gyplysu â'r disgrifiad o ddinasoedd noddfa'r Hen Destament er mwyn ychwanegu dimensiwn tiriogaethol eang i'r noddfa. Y syniad sylfaenol, mae'n debyg, oedd fod y sant yn cynnig nawdd nid yn unig yn ei eglwys a'i fynwent ond hefyd dros ran helaeth o'i diroedd. Os felly, dyma danlinellu unwaith eto barodrwydd eglwyswyr yng Nghymru i dynnu ar y traddodiad cyfreithiol cynhenid a'i addasu at eu dibenion eu hunain.

Ond ai dim ond fel cyfrwng ar gyfer hybu eu grym a'u bri yr ymddiddorai eglwyswyr Cymru yn y gyfraith seciwlar? Yr ateb byr i'r cwestiwn hwnnw yw 'Na'. Hyd yma rhoddwyd yr argraff, efallai, mai rhywbeth ar wahân i'r Eglwys oedd cyfraith Hywel yn y bôn: rhywbeth y gellid manteisio arno a'i gefnogi, bid siŵr, ond cynnyrch y gymdeithas leyg serch hynny a ddyfeisiwyd yn bennaf ar gyfer anghenion y gymdeithas honno. Wrth gwrs, ni ellir gwadu natur seciwlar y gyfraith Gymreig. Yr oedd yn ymwneud â materion megis awdurdod y brenin, hawliau ar dir, contractau, troseddau neu drefniadau aredig, a chymharol brin yw'r rheolau sy'n ymdrin yn benodol â'r Eglwys. Yn wir, at ei gilydd ni chyfeirid at yr Eglwys ond pan fyddai'n effeithio ar sefydliadau a chyfraith seciwlar: dyna sy'n esbonio'r adrannau yn Llyfr Iorwerth sy'n ymdrin â hawliau'r tywysog mewn perthynas â noddfa ac ystadau eglwysig neu'r rheolau mewn amryw o lyfrau sy'n trafod sut y dylid barnu clerigwyr a gyhuddid o gyflawni troseddau. Eto, nid yw cynnwys hanfodol seciwlar y gyfraith yn golygu ei bod yn greadigaeth gwbl seciwlar. I'r gwrthwyneb, gwyddom fod clerigwyr wedi cyfrannu i'r broses o greu a throsglwyddo'r gyfraith gynhenid ac am weddill y drafodaeth carwn ganolbwyntio ar y cyfraniad hwnnw.

Daw y rhan fwyaf o'n gwybodaeth am gyfraith Hywel o'r llyfrau cyfraith. Gwaith arbenigwyr yn y gyfraith oedd y rhain, yn lleygwyr a hefyd, fel y cawn weld, yn eglwyswyr. Swyddogaeth bwysicaf y llyfrau oedd cynorthwyo

cyw-gyfreithwyr i ddysgu'r gyfraith er, yn ne-orllewin
Cymru, bu hefyd ymdrech o ddiwedd y drydedd ganrif ar
ddeg ymlaen i sicrhau bod barnwyr yn y llysoedd barn yn
seilio eu penderfyniadau arnynt. At hynny, gwnaed rhai
copïau, yn enwedig yn yr Oesoedd Canol Diweddar, er
mwyn diwallu diddordeb hynafiaethol yn ogystal ag ateb
anghenion ymarferol. Erys rhyw ddeugain llawysgrif o'r
cyfreithiau yn dyddio o'r cyfnod rhwng tua 1250 a 1500. O'r
rhain, mae'n debygol iawn fod y mwyafrif a ysgrifennwyd
hyd at ganol y bedwaredd ganrif ar ddeg wedi eu copïo gan
eglwyswyr, mynachod Sistersaidd gan amlaf, er bod rhai
enghreifftiau, megis Llyfr Du y Waun o ganol y drydedd
ganrif ar ddeg, yn dwyn nodweddion sy'n awgrymu'n gryf
nad gwaith ysgrifwyr proffesiynol *scriptorium* mynachaidd
mohonynt. Golyga hyn fod eglwyswyr wedi cynhyrchu
nifer sylweddol o lawysgrifau cyfraith, a dichon fod y
Sistersiaid Cymreig wedi ystyried y cyfreithiau yn rhan
lawn mor bwysig o'r traddodiad diwylliannol cynhenid â'r
testunau hanes a llenyddol y buont hefyd mor barod i'w
copïo. Mae'n arwyddocaol, er enghraifft, fod yr ysgrifwr a
gopïodd y testun o Lyfr Iorwerth yn Llsgr. Llyfrgell Bryd-
einig, Cotton Caligula A. iii tua 1250 hefyd yn gyfrifol am
gynhyrchu dau gopi o *Frut y Brenhinedd*, gwaith a seiliwyd
ar *Historia Regum Britanniae* Sieffre o Fynwy, a bod
ysgrifwr Llyfr Taliesin yn gynnar yn y bedwaredd ganrif ar
ddeg wedi copïo dwy lawysgrif o'r llyfr cyfraith a adwaenir
fel Llyfr Cyfnerth. Erbyn diwedd y bedwaredd ganrif ar
ddeg, fodd bynnag, ymddengys nad *scriptoria* mynachaidd
a fu'n gyfrifol am gynhyrchu llawysgrifau o safon uchel
bellach ond yn hytrach ysgrifwyr proffesiynol megis
Hywel Fychan, a ysgrifennodd lyfr cyfraith yn ogystal â'r
rhan helaethaf o'r flodeugerdd lenyddol Llyfr Coch Hergest
ar gyfer ei noddwr, Hopcyn ap Tomas o Ynysforgan ger
Abertawe, tua 1400. Lleygwr oedd Hywel a cheir enghreifft-
iau pellach o ysgrifwyr lleyg yn y bymthegfed ganrif, yn eu
plith y bardd Lewys Glyn Cothi a gopïodd destun o Lyfr

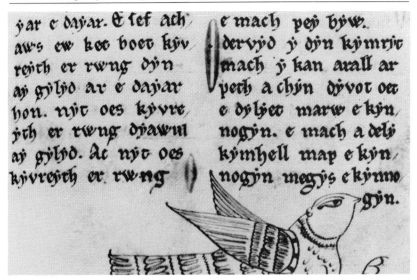

5   Tudalen o Lyfr Iorwerth yn LlS. Cotton Caligula A.iii yn y Llyfrgell Brydeinig, llawysgrif y tybir iddi gael ei hysgrifennu mewn abaty Sistersaidd, efallai Glyn-y-groes, tua 1250.

Iorwerth yn ogystal â rhai o'i gerddi ef ei hun yn Llsgr. Peniarth 40 tua 1469.

Prin fod y mynachod neu'r clerigwyr seciwlar a gopïodd lawysgrifau o gyfraith Hywel yn ffieiddio at eu cynnwys— er y daeth un o'r llyfrau cyfraith a ysgrifennwyd yn Lladin, sef Llsgr. Peniarth 28, i ddwylo darllenydd a oedd, mae'n rhaid, yn eglwyswr, a nododd ei anghymeradwyaeth o'r rheolau ar ysgariad drwy ychwanegu marciau ar ymyl y tudalennau lle esboniwyd, er enghraifft, sut y dylid rhannu'r eiddo, gan gynnwys y dillad gwely, rhwng y gŵr a'r wraig! (Mae'n ddiddorol fod y llawysgrif hon wedi cyrraedd Caer-gaint erbyn dechrau'r bedwaredd ganrif ar ddeg, ac nid yw'n amhosibl mai hi oedd y copi o'r cyfreithiau a welodd yr Archesgob Pecham.) Gellir dehongli parodrwydd eglwyswyr i gopïo llyfrau cyfraith yn agwedd bellach ar y cydweithredu rhwng yr Eglwys a'r gyfraith gynhenid a drafodwyd gynnau. Mewn llawer o achosion,

6 Tudalen o'r llyfr cyfraith Lladin yn LlS. Peniarth 28, a ysgrifennwyd tua chanol y drydedd ganrif ar ddeg. Sylwer ar y croesau wrth ymyl rheolau sy'n ymdrin ag ysgariad, gan gynnwys rhannu'r dillad gwely.

gŵr cyfraith lleyg a fu'n gyfrifol am lunio'r llyfr: er
enghraifft, lleygwr oedd yr Iorwerth ap Madog a roddodd
drefn, ac felly ei enw, ar Lyfr Iorwerth yng Ngwynedd yn
oes Llywelyn Fawr. Mae'n bosibl y byddai gwŷr o'r fath
weithiau yn ysgrifennu eu llyfrau yn ogystal â'u cyfansoddi,
ond y tebyg yw eu bod hwythau hefyd wedi troi at ysgrif-
wyr proffesiynol, sef mynachod fel arfer yn y drydedd
ganrif ar ddeg, a gofyn iddynt gynhyrchu copïau glân o'u
gwaith. Dyna, wedi'r cwbl, a wnaeth y rhan fwyaf o
awduron canoloesol nad oeddynt yn fynachod eu hunain:
yr oedd y broses o gyfansoddi—yn y pen, gan wneud drafft
ysgrifenedig, efallai ar dabledi cwyr, wedyn o bosibl—yn
wahanol i'r broses o greu'r copi terfynol.

Ond nid darparu gwasanaeth technolegol oedd unig
gyfraniad eglwyswyr i gynhyrchu'r llyfrau cyfraith. Mae'n
amlwg fod rhai o'r llyfrau, ac o leiaf ddarnau o rai eraill,
wedi eu cyfansoddi gan eglwyswyr hefyd. Anodd credu
bod neb ond awduron clerigol yn gyfrifol am lunio'r pum
fersiwn Lladin o'r cyfreithiau. Nid cyfieithiadau o fers-
iynau Cymraeg mo'r rhain, er eu bod yn benthyca oddi
wrth nifer o'r fersiynau hynny, ond casgliadau newydd
gan glerigwyr a oedd hefyd, mae'n rhaid, yn arbenigwyr yn
y gyfraith ac a deimlai'n ddigon hyderus i ddewis a dethol
deunydd o lyfrau cyfraith eraill ac i ychwanegu ato ar sail
eu gwybodaeth a'u profiad eu hunain. Mae un o'r fersiynau
hyn, Testun Lladin B, a gyfansoddwyd rhywle yng ngogledd
Cymru tua chanol y drydedd ganrif ar ddeg, yn haeddu
sylw arbennig yn y cyswllt hwn am ei fod yn fwy dyledus
i ddysg Ladinaidd na'r llyfrau cyfraith eraill. Dyfynnir o'r
bardd Horas yn y rhaglith a chyfeirir yn benodol at gyfraith
Rhufain yn nes ymlaen. At hynny, mae'r llyfr yn cynnwys
rheolau o'r *Excerpta de libris Romanorum et Francorum*,
testun cyfreithiol a wnaed yn Llydaw neu ei chyffiniau
rywbryd rhwng y chweched a'r wythfed ganrif, a cheir
adleisiau o'r gyfraith ganonaidd mewn darnau sy'n rhestru'r
drygau y dylai barnwyr eu hosgoi.

Eto, gwelir ôl dysg Ladinaidd ar lyfrau cyfraith eraill ar wahân i Destun Lladin B. Yr oedd awduron o leiaf rai o'r llyfrau cyfraith Cymraeg yn deall Lladin ac yn disgwyl i'w darllenwyr ei deall hefyd. Yr enghraifft orau o hyn yw'r ffordd y defnyddid Testun Lladin D, a gyfansoddwyd yn Nyfed ar ddiwedd y drydedd ganrif ar ddeg, fel prif sylfaen y testun Cymraeg, Llyfr Blegywryd. Ond eisoes yng nghanol y ganrif honno cyfarwyddwyd darllenwyr Llyfr Colan, fersiwn diwygiedig o Lyfr Iorwerth, i gyfeirio at 'y llyfrau Lladin' os oeddynt yn amau rheol ynglŷn â'r nifer briodol o dystion, cyfeiriad sy'n awgrymu bod awdur Llyfr Colan yn gyfarwydd â thestunau Lladin o'r cyfreithiau. A phrin fod gwybodaeth o'r Lladin yn rhywbeth newydd i wŷr cyfraith Cymru yn y drydedd ganrif ar ddeg. Mae'n debyg, er enghraifft, fod y benthyciadau a geir mewn nifer o'r llyfrau cyfraith o'r *Collectio Canonum Hibernensis*, casgliad o gyfraith eglwysig a wnaed gan ddau Wyddel yn gynnar yn yr wythfed ganrif, i'w holrhain i lyfr cyfraith coll, o bosibl yn dwyn yr enw Llyfr Cynog, a gyfansoddwyd yn y ddeuddegfed ganrif.

Dengys y testunau Lladin o'r cyfreithiau yn ogystal â'r benthyciadau o ffynonellau Lladin megis y *Collectio Canonum Hibernensis*, fod cysylltiadau clòs rhwng dysg eglwysig a dysg gyfreithiol yng Nghymru'r Oesoedd Canol, cysylltiadau sy'n awgrymu yn eu tro fod rhai eglwyswyr hefyd yn arbenigwyr yn y gyfraith gynhenid. Ceir peth tystiolaeth arall i gadarnhau'r casgliad hwnnw. Yn ôl *Brut y Tywysogyon*, yr oedd Sulien ap Rhygyfarch (m. 1146), aelod o deulu eglwysig nodedig Llanbadarn Fawr yng Ngheredigion, yn 'adurn o vrodyeu [sef barnedigaethau] eglwyssolyon a rei bydolyon', disgrifiad sy'n awgrymu ei fod yn gyfarwydd â'r gyfraith seciwlar gynhenid. Enghraifft arall yw gŵr o'r enw Cynyr ap Cadwgan, abad eglwys Llandinam yn gynnar yn y drydedd ganrif ar ddeg a fu hefyd yn un o'r 'doethion' a ddyfarnodd ar apêl ynglŷn â hawliau i dir yn Arwystli, ac y bu ei feibion (neu efallai ei wyrion) yn ôl Llywelyn ap Gruffudd yn 'ynaid', sef barnwyr swyddogol y tywysog, yn Arwystli ym 1281. Yn bwysicaf oll, ceir mewn llawysgrif o'r bymthegfed ganrif ddeunydd a gyflwynir fel darn agoriadol llyfr cyfraith a luniodd Cynyr ap Cadwgan ac a drosglwyddwyd wedyn i'w fab a'i wyrion. Dyma deulu clerigol Cymreig a oedd hefyd yn deulu o gyfreithwyr, a dichon fod teuluoedd eraill tebyg iddo yng Nghymru, megis yn Iwerddon, yn y ddeuddegfed ganrif a'r drydedd ganrif ar ddeg. Wrth gwrs, yng Ngwynedd yn enwedig yr oedd llawer, efallai'r mwyafrif, o'r gwŷr cyfraith yn lleygwyr. Ond yng nghanolbarth a de Cymru, y mae lle i gredu bod eglwyswyr wedi chwarae rhan bwysig yn y traddodiad cyfreithiol cynhenid, gan gyfansoddi llyfrau cyfraith a barnu achosion. (Yn ôl Testun Lladin D a Llyfr Blegywryd, ni chaniateid i eglwyswyr wasanaethu fel barnwyr, ond dichon mai gwaharddiad lled ddiweddar oedd hyn pan gyfansoddwyd y cyntaf o'r llyfrau hynny yn Nyfed ar ddiwedd y drydedd ganrif ar ddeg. Ac nid oedd y gwaharddiad yn rhwystro eglwyswyr rhag bod yn arbenigwyr yn y gyfraith: wedi'r cwbl, awdur clerigol a luniodd Destun Lladin D.)

Awgrym pellach fod rhai eglwyswyr yn ne Cymru yn arbenigwyr cyfreithiol yw'r rhaglithiau i'r llyfrau a gysylltir â'r rhanbarth hwnnw. Un o nodweddion trawiadol y rhain yw'r pwyslais a geir ynddynt ar ran archesgobion ac eglwyswyr blaenllaw eraill yn y cynulliad lle diwygiwyd cyfraith Cymru gan Hywel Dda. Prin fod yr adroddiadau hyn yn adlewyrchu digwyddiadau yn y ddegfed ganrif; yn hytrach, gellir eu dehongli o bosibl fel ymgais â'i gwreiddiau yn y ddeuddegfed ganrif i sicrhau eglwyswyr a oedd hefyd yn gyfreithwyr fod y gyfraith Gymreig, ac felly eu rhan hwy ynddi, wedi derbyn sêl bendith awdurdodau uchaf yr Eglwys ar waethaf unrhyw feirniadu ar foesau'r gyfraith gan ddiwygwyr eglwysig. Ar y llaw arall, mae rhaglithiau llyfrau cyfraith Gwynedd yn rhoi llai o bwyslais ar eglwyswyr: nid oes sôn amdanynt o gwbl yn nau o'r llyfrau Lladin

a gysylltir â'r gogledd (Testunau Lladin B ac C), a'r unig
eglwyswyr y cyfeirir atynt yn Llyfr Iorwerth yw 'ysgol-
heigion', sef clerigwyr cyffredin nad oedd wedi eu hor-
deinio'n offeiriaid, a alwyd i'r cynulliad 'rhag i'r lleygwyr
ddodi pethau a fyddai yn erbyn yr Ysgrythur Lân'.

Mae'n ymddangos, felly, fod rhai eglwyswyr wedi
gweithredu fel gwŷr cyfraith yn y gymdeithas yn gyffredinol
(ac nid y tu mewn i arglwyddiaethau eglwysig yn unig) a'u
bod wedi cyfansoddi llyfrau cyfraith yn ogystal â'u copïo.
Er na ellir ei fesur yn fanwl, ni ellir gwadu na fu eu cyfran-
iad i'r traddodiad cyfreithiol Cymreig yn sylweddol. Yn
wir, oni bai am ddiddordeb a chydweithrediad eglwysig,
prin y byddai'r traddodiad hwnnw yn bod fel un dysgedig
a chanddo lyfrau arbennig (yn hytrach na chasgliad o
arferion a ddiogelid ond yn y cof ac ar lafar). Tywyll,
gwaetha'r modd, yw cynhanes y llyfrau cyfraith sydd
gennym heddiw: er bod modd dweud yn weddol bendant
fod rhai testunau wedi eu hysgrifennu yn y ddeuddegfed
ganrif, y mae'n amhosibl gwybod pryd y cyfansoddwyd y
llyfr cyfraith cyntaf tebyg i'r rhai sydd bellach ar gael
mewn llawysgrifau a gopïwyd o tua chanol y drydedd
ganrif ar ddeg ymlaen. Yn hytrach na cheisio eu holrhain
i oes Hywel Dda, dichon nad oes angen edrych ymhellach
yn ôl na dechrau'r ddeuddegfed ganrif wrth chwilio am
wreiddiau'r llyfrau. Ond pryd bynnag y dechreuwyd eu
cyfansoddi, rhaid fod eglwyswyr wedi chwarae rhan
allweddol fel ysgrifwyr a hefyd, yn ddigon posibl, fel
awduron. Gwelsom fod rhai o glerigwyr Llandaf a Llan-
carfan yn gyfarwydd â'r gyfraith gynhenid erbyn diwedd yr
unfed ganrif ar ddeg, a dichon fod gwybodaeth o'r gyfraith
yn rhan o gynhysgaeth clerigwyr llawer o eglwysi mawr
Cymru yn y cyfnod cyn-Normanaidd. Hyd yn oed pe
ystyrid y gyfraith yn gyfrwng arglwyddiaeth eglwysig yn
bennaf, hawdd fuasai cymhwyso'r wybodaeth ohoni i'r
byd y tu allan yn ogystal. Ar ben hynny, os yw *Braint Teilo*
yn enghraifft o duedd ehangach ar ran eglwysi Cymreig i

gofnodi hawliau eu seintiau mewn iaith gyfreithiol, mae'n bosibl fod hyn wedi dylanwadu ar y sawl, boed yn glerigwyr neu'n lleygwyr, a benderfynodd ei bod yn bryd i roi cyfraith Hywel hithau ar glawr.

Os dyfalu yn unig y gallwn ei wneud wrth geisio ateb nifer o gwestiynau pwysig ynglŷn â pherthynas yr Eglwys â'r gyfraith Gymreig, y mae'n sicr na allwn obeithio deall y naill na'r llall yn llawnach heb roi ystyriaeth ofalus i'r cysylltiadau rhyngddynt. Fel ym mhob man arall yn Ewrop yn yr Oesoedd Canol, prin y gallai eglwyswyr Cymru anwybyddu cyfraith gynhenid eu gwlad, ac ni ddylem synnu at eu cyfraniad i'w gweinyddiad ac i'r gwaith o'i chofnodi mewn llyfrau. Wedi'r cwbl, er mai cyfraith seciwlar ydoedd yn y bôn, yr oedd hefyd yn gynnyrch cymdeithas Gristnogol ac yn dibynnu'n drwm ar ei rhagdybiaethau crefyddol, fel y gwelir yn y defnydd helaeth o'r llw. Mae'n wir fod rhai eglwyswyr wedi codi amheuon erbyn y drydedd ganrif ar ddeg ynghylch moesoldeb y gyfraith a'r graddau y gellid ei chysoni â'r Beibl a dysgeidiaeth yr Eglwys, ond peryglus fyddai cyffredinoli ar sail barn unigolion diwygiadol eu bryd megis Archesgob Pecham a thybio bod y mwyafrif o eglwyswyr Cymru yn elyniaethus i'r traddodiad cyfreithiol Cymreig. Yn sicr, nid dyna'r darlun a gyfleir gan y llyfrau cyfraith ac amryw o ffynonellau eraill, lle ceir digon o dystiolaeth i ddangos nid yn unig fod rhai, ac efallai llawer, o eglwyswyr yng Nghymru yn barod i ddefnyddio cyfraith Hywel ond bod nifer wedi gweithredu fel gwŷr cyfraith yn ogystal. Cysylltiadau fel y rhain, nid condemniadau Pecham, sy'n haeddu ein sylw pennaf wrth geisio cloriannu'r berthynas rhwng yr Eglwys a'r gyfraith yng Nghymru'r Oesoedd Canol.

DARLLEN PELLACH

T. M. Charles-Edwards, *The Welsh Laws* (Caerdydd, 1989).

R. R. Davies, 'Buchedd a Moes y Cymry', *Cylchgrawn Hanes Cymru*, XII (1984-5).

Wendy Davies, 'Braint Teilo', *Bwletin y Bwrdd Gwybodau Celtaidd*, XXVI (1974-6).

Daniel Huws, 'Llyfrau Cymraeg 1250-1400', *Cylchgrawn Llyfrgell Genedlaethol Cymru*, XXVIII (1993-4).

Dafydd Jenkins, *Cyfraith Hywel* (ail arg., Llandysul, 1976).

T. Jones Pierce, 'Einion ap Ynyr (Anian II) Bishop of St. Asaph', *Flintshire Historical Society Publications*, XVII (1957).

Morfydd E. Owen, 'Y Cyfreithiau', yn *Y Traddodiad Rhyddiaith yn yr Oesau Canol*, gol. Geraint Bowen (Llandysul, 1974).

Huw Pryce, 'Duw yn Lle Mach: Briduw yng Nghyfraith Hywel', yn *Lawyers and Laymen: Studies in the History of Law Presented to Professor Dafydd Jenkins on his Seventy-Fifth Birthday. Gŵyl Ddewi 1986*, goln. T. M. Charles-Edwards, Morfydd E. Owen a D. B. Walters (Caerdydd, 1986).

Huw Pryce, *Native Law and the Church in Medieval Wales* (Rhydychen, 1993).

J. Beverley Smith, *Llywelyn ap Gruffudd: Tywysog Cymru* (Caerdydd, 1986).

HANESWYR A'R DEDDFAU UNO

Glanmor Williams

Ni ellir ein galw ni yn bobl drechadwy, canys cytundeb ac amodau heddwch a dynnwyd rhyngom ni a'r Saeson . . .

Lewis Morris

Argyhoeddwyd pawb ohonom bellach nad yw hanes yn astudiaeth wyddonol gysact ac na all fyth obeithio bod felly. Bid siŵr, gellir penderfynu gyda mesur helaeth o sicrwydd beth a ddarfu yn y gorffennol a pha bryd y bu i hynny ddigwydd; ac y mae'n hanfodol fod yr hanesydd mor fanwl gywir ag y bo modd ar bynciau o'r fath. Ond erys yr ymholiadau dyfnach a mwy sylweddol parthed y rhesymau paham y digwyddodd pethau fel y gwnaethont, a beth oedd canlyniadau hynny, yn agored i farn unigolion. Greddf aelodau pob cenhedlaeth newydd yw holi'r gorffennol ynghylch yr agweddau hynny ohono a ymddengys iddynt hwy yn rhai perthnasol a phwysig; a chynigir ganddynt atebion i'r cwestiynau hyn yng ngoleuni eu gwybodaeth a'u gwerthoedd hwy eu hunain. Cymysgfa yw'r atebion a roddir ganddynt; daw rhai ohonynt o'u gwybodaeth am y gorffennol, ond deillia cyfran go helaeth o'u meddylfryd a'u hanian eu hunain. Gan fod unigolion a chenedlaethau yn gwahaniaethu oddi wrth ei gilydd, bydd eu dehongliadau yn rhwym o fod yn wahanol hefyd. Nid oes y fath beth yn bod ag un esboniad 'cwbl gywir' ar helyntion yr oesoedd a fu a fydd yn dderbyniol gan bawb. Ofer, felly, yw gresynu bod haneswyr yn parhau i ddadlau ac anghytuno ymhlith ei gilydd; ond, ar yr un pryd, iawn yw eu bod yn dal i anelu at eglurhad a fydd mor gyflawn, cywir, rhesymol, a diduedd ag y gellir ei ddisgwyl.

Wrth ystyried adwaith y genhedlaeth gyntaf oll tuag at y Deddfau Uno, hynny yw, pobl oes Harri VIII ei hun, yr hyn sy'n taro dyn yw cyn lleied o sylw a roddwyd iddynt. Er cymaint oedd arwyddocâd y deddfau ar gyfer dyfodol Cymru, ni bu fawr o sôn amdanynt pan y'u pasiwyd. Pur wahanol oedd ymateb Cymru yng nghyfnod Harri VIII i'r holl derfysg a'r dadlau a ddigwyddodd yn yr Alban ym 1707, adeg uniad Lloegr â'r wlad honno, neu'r ymryson a gafwyd yn Iwerddon pan basiwyd Deddf Uno ym 1800. Yng Nghymru i'r gwrthwyneb: wele, er enghraifft,

Elis Gruffudd (*c.* 1490-1552), croniclydd craff a chanddo
sylwadau miniog i'w gwyntyllu ar lawer pwnc cyfoes, yn
nodi'n gwta, 'yn ôl hyn y pasiodd Act arall i ordeinio ac i
wneuthur holl Gymru yn siroedd'. Ni fu gan feirdd yr oes
ddim o bwys i'w ddweud ychwaith. Er bod gan Lewys
Morgannwg (*flor.* 1520-65) nifer o gerddi mawl a luniwyd
i fawrygu campau ei frenin Harri VIII, ni chrybwyllir dim
ynddynt yn benodol am y Deddfau Uno fel y cyfryw.
Gan yr Esgob Rowland Lee (m. 1543), llywydd Cyngor y
Gororau ar y pryd, y cafwyd y ddedfryd gyfoes fwyaf
adnabyddus ar Ddeddf Uno 1536. Ni fyddai neb yn ei iawn
bwyll yn ystyried Lee yn hanesydd na beirniad amhleidgar;
hysbys ddigon yw ei ragfarn yn erbyn y Cymry a'i ddrwg-
dybiaeth ohonynt, ac anfoddog iawn oedd ef wrth weld
bwriad y brenin i gyflwyno cymwynasau iddynt. Lladron
a therfysgwyr i'w cadw dan fawd haearnaidd oeddynt, yn
ei olwg ef, ac ni fyddai caniatáu iddynt awdurdod dros
eraill yn ddim namyn 'gosod lleidr i ddal lleidr'. Digon
sarrug hefyd oedd agwedd dau fonheddwr arall o Gymro.
Mynnai Syr Richard Bulkeley (m. 1546/7) y byddai rhai
o'i gyd-foneddigion yn ddigon llwgr i dalu arian mawr am
gael eu penodi yn ynadon heddwch ac arglwyddiaethu
dros eraill; tra haerai John Salusbury (*flor.* 1520-50), gan
gymaint y dychrynai rhag colli peth o'i incwm, y buwyd
cyn hynny yn llywodraethu'r wlad yn rhatach a chyda llai
o swyddogion nag a wneid o dan y drefn newydd. Aeth rhai
o'r sawl a wrthwynebai'r polisi newydd ymhellach fyth, a
barnu wrth gyfres o ddatganiadau dienw sydd wedi goroesi.
Ceisiai'r rhain brofi mai niweidiol i ogledd Cymru fyddai
penodi ynadon yno, gan fod trigolion yr ardal mor dlawd a
checrus, a'i boneddigion yn noddwyr lladron a therfysgwyr.

    Llawer mwy parchus a chymeradwyol o gynlluniau'r
brenin, fodd bynnag, oedd dau ysgolhaig a llenor cyfoes—
Syr John Prys, Aberhonddu (?1502-55), a William Salesbury
(?1520-84). Yn ei gyflwyniad i'r llyfr Cymraeg cyntaf i'w
argraffu erioed, *Yny Lhyvyr Hwnn* . . . (1546), cyfeiriodd

Syr John, a ystyrid yn un o brif gynghorwyr Harri VIII a Thomas Cromwell o blith y Cymry, at y brenin fel 'tywysog mor ddwyfol ag y mae cadarn. A phan roes eisoes gymaint o ddoniau presennol [h.y., bydol—cyfeiriad at y Deddfau Uno mae'n debyg] i genedl y Cymry, ni fydd yn llesgach i ganiatáu iddynt ddoniau ysbrydol' [h.y., yr ysgrythurau yn yr iaith lafar]. Tua'r un adeg, bu William Salesbury yntau lawn mor frwd wrth ganmol Harri am ei ymddygiad tuag at y Cymry. Yn ei ragymadrodd i'w lyfr, *Geiriadur yn Saesneg a Chymraeg* (1547), tynnodd sylw at yr hyn a alwai yn 'ddoethineb rhagorol' y brenin, a'i ganmol yn arw am drefnu 'na fyddai ar ôl hyn unrhyw wahaniaeth mewn cyfraith nag iaith rhwng trigolion eich tywysogaeth yng Nghymru a deiliaid eraill eich teyrnas yn Lloegr'. Diddordeb neilltuol y ddau ddyfyniad hyn yw'r croeso brwd a roed i'r ddeddf gan ddeuwr a fu'n gymaint o garedigion tuag at yr iaith Gymraeg; y naill, Prys, yn gyfrifol am argraffu'r llyfr printiedig cyntaf yn yr iaith ac am gadw llawer iawn o lawysgrifau Cymraeg prin a gwerthfawr o'r Oesoedd Canol; a'r llall, Salesbury, yn gymwynaswr a gyflawnodd fwy dros iaith a llên Cymru nag odid neb arall yn ystod yr unfed ganrif ar bymtheg.

Erbyn cyfnod y Frenhines Elisabeth, cawsai rhai o weinyddwyr amlwg y wlad gyfle i asesu beth fu effaith a dylanwad y Deddfau Uno ar fywyd a thynged Cymru. Tuedd pawb ohonynt o'r bron oedd canmol yn afieithus. Barn Syr Henry Sydney (1529-86), Llywydd Cyngor y Gororau am gyfnod maith yn ystod teyrnasiad Elisabeth, oedd na ellid dod o hyd i bobl rwyddach i'w llywodraethu na'r Cymry trwy Ewrop gyfan. Haerodd barnwr a gweinyddwr profiadol arall, William Gerard (m. 1581), is-lywydd y Cyngor ac Arglwydd Ganghellor Iwerddon, 'fod pobl Cymru drwyddi draw mor wareiddiedig ac mor ufudd i'r gyfraith â neb a geid yn Lloegr'. Fodd bynnag, yr oedd cyfreithiwr disglair o Gymro, y Barnwr David Lewis (?1520-84), dipyn fwy llugoer ei sylwadau amdanynt.

Beirniadu cyflwr Cymru ym 1576 a wnaeth ef, gan fynnu bod cymaint o anhrefn yno nes galw am feddyginiaeth syfêr iawn, rhywbeth tebyg i'r driniaeth a gafwyd oddi ar law Rowland Lee, er mwyn dod â gwell trefn i Gymru.

Fel y gellid disgwyl, o bosibl, bu rhai o ddeallusion ac ysgolheigion cyfoes Cymru yn glodforus dros ben. Allwedd cyfrinach llwyddiant y Tuduriaid yn ddieithriad iddynt hwy oedd mai teulu o dras hynafol brenhinoedd y Brytaniaid oeddynt. Priodolid yr holl fendithion a ddaeth i ran y wlad i haelioni ac ewyllys da brenhinoedd o linach Gymreig a ddymunai wobrwyo eu pobl eu hunain am eu cefnogaeth a'u teyrngarwch. Gan hynny, trefnasant ar eu cyfer holl freiniau dinasyddion y deyrnas, cyfreithiau cyfiawn, ffyniant materol, a chrefydd bur, ddiwygiedig. Afraid dweud y perthynai pob un o'r sylwebyddion hyn i'r dosbarth a oedd yn berchen tir ac a dderbyniodd addysg— dosbarth a oedd yn bur niferus ac a gynhwysai lawer heblaw'r boneddigion mwyaf cefnog. Hon oedd haen y boblogaeth a elwodd fwyaf ar drefniannau'r Tuduriaid ac a fu ganddi fwyaf i ddiolch am freintiau. Yn eu mysg bu llawer o'r beirdd yn datgan eu llawenydd o gofio fel y bu buddugoliaeth y Tuduriaid ar faes Bosworth yn drobwynt yn hanes eu gwlad. Fel hyn yr atgoffodd Siôn Tudur (m. 1602) y Frenhines Elisabeth sut y rhyddhaodd ei thaid Harri VII a'i thad Harri VIII y Cymry o'u caethiwed yn union fel y cawsai'r Iddewon eu gollwng yn rhydd gan Dduw o'r gaethglud ym Mabilon:

> Harri lân, hir lawenydd,
> Yn un a'n rhoes ninnau'n rhydd.
> I Gymru da fu hyd fedd
> Goroni gŵr o Wynedd.

Tystiolaeth i'r un perwyl oedd eiddo'r llenor a'r ysgolhaig, Humphrey Llwyd (1527-68): 'Llwyr ryddhaodd Harri VII y Cymry oddi wrth y cyfreithiau caeth hynny y cyfyng-

7   Humphrey Llwyd (c. 1527-68) awdur *Commentarioli Descriptionis Britannicae Fragmentum* (1572).

wyd hwy ganddynt yn nyddiau brenhinoedd eraill. Ac fe'u
gollyngwyd hwy yn gyfan gwbl gan ei fab, y tywysog
nerthol hwnnw, Harri VIII, oddi wrth bob caethiwed a'u
gwneuthur ymhob dim yn gyfartal â'r Saeson. Fel hyn y
darfu iddynt ymadael â'u hen ddulliau; y mae'r rhai hynny
a arferai fyw yn gynnil yn awr yn gyfoethog ac yn dynwared
y Saeson o ran bwyd a diod a dillad . . . Felly hefyd yn
ddiweddar, er mawr glod iddynt, dechreuasant drigo
mewn trefi, ymarfer â galwedigaethau, ymhel â masnach,
trin y tir yn gelfydd, ac ymgymryd â phob math o weith-
gareddau cyhoeddus ac angenrheidiol lawn cystal â Saeson.'
Bu eraill megis Rhys Amheurug o Forgannwg (m. 1586/7),
Syr Siôn Wyn o Wedir (1553-1627), a'r Arglwydd Herbert
o Chirbury (1583-1648) yn lleisio'r un math o deyrnged
lon i gyflwr llewyrchus Cymru yn y blynyddoedd ar ôl
pasio'r Deddfau Uno. A thystiai'r hanesydd enwog hwnnw,
David Powel (?1552-98), 'oddi ar uniad bendithiol y
Cymry a'r Saeson, unwyd hanes y ddwy wlad yn ogystal
â'r ddwy genedl'—sylw a gafodd ddylanwad pellgyrhaeddol
ar yr haneswyr a ddaeth ar ei ôl. Tueddent hwythau hefyd
i dderbyn bod hanes y ddwy genedl, yn ogystal â'u llywod-
raeth, wedi ei wneud yn un; golygai hynny y daethai hanes
Cymru i ben gyda phasio'r Deddfau Uno. Nid rhywbeth i
dristáu yn ei gylch oedd hynny namyn testun diolch, gan
fod y Cymry, meddai Powel, wedi dangos 'eu bod yn
ddeiliaid teyrngar, pybyr a chariadus y wladwriaeth, yn
ymroi'n galonnog ac ufudd i'w brenin ac yn eiddgar i
amddiffyn eu cyfreithiau, eu rhyddid a'u crefydd mor
egniol â'r goreuon ymhlith eu cyd-ddinasyddion'.
    Ond y Cymro a fu fwyaf gorawenus wrth ganmol yr
uniad yn oes Elisabeth oedd George Owen, Henllys (?1552-
1613), pen hynafiaethydd Cymru'r cyfnod, noddwr llên ac
ysgolheictod, ac un o foneddigion mwyaf blaenllaw gor-
llewin Cymru. Argyhoeddwyd ef na ffynnodd 'yr un rhan
o Loegr gystal ag a wnaeth Cymru yn ystod y can mlynedd
oddi ar lywodraeth Harri VIII hyd yn awr. Pe bai'n tadau'n

byw heddiw, tybiasent mai gwlad ddieithr a chenedl estron oedd yma, gan lwyred y trawsnewidiwyd y wlad a'i thrigolion, calonnau'r bobl wedi eu newid oddi mewn a chyflwr y wlad wedi'i gweddnewid o'r tu allan, o ddrwg i dda, ac o anfad i well.' Ac aeth yn ei flaen i honni 'fod hyn yn peri i'n calonnau i lamu â gorfoledd ... wrth inni glywed adrodd enwau ein tywysogion cariadus, sy'n debycach i dadau nag i deyrnedd dros y Cymry druain'. Crynhodd y cyfan trwy utganu'n fuddugoliaethus, 'traws-ffurfiad gorfoleddus yw hwn i Gymru'.

Parhau i adleisio'r un math o anthemau moliant a wnaed yn ystod y canrifoedd canlynol. Wedi i'r Brenin Iago I ddod i'r orsedd ym 1603, cymaint oedd ei edmygedd o'r bend-ithion a ddaethai i Gymru yn sgil ei huniad â Lloegr nes iddo geisio darbwyllo ei ddeiliaid yn yr Alban mor llesol iddynt hwythau y gallai uniad tebyg â Lloegr fod. Cyfeiriodd yn gynnes felly at yr 'heddwch, y tawelwch, y gwareiddiad a'r daioni di-ben-draw a ddaeth i Gymru gyda'r Ddeddf Uno'. Yn yr un modd, broliodd ei Dwrnai Cyffredinol dros Iwerddon, Syr John Davies (1569-1626), yr un polisi am ei fod wedi sicrhau 'heddwch ac ufudd-dod drwy gydol y wlad honno [Cymru] ar fyr dro nes iddi fwynhau moesau gwareiddiedig a digonedd o feddiannau fel nad yw bellach yn israddol mewn dim i barthau gorau Lloegr'.

Gwnaed sylwadau diddorol odiaeth beth amser ar ôl hyn gan yr awdur Piwritanaidd enwog o Gymro, Charles Edwards (1628-91?), yn ei lyfr dylanwadol, *Y Ffydd Ddiff-vant* (1677). Gan mai pennaf amcan Edwards wrth ysgrif-ennu'r llyfr oedd olrhain hanes y wir eglwys ar hyd y canrifoedd o oes yr Apostolion ymlaen, gan gynnwys ei helyntion yn ystod tywyllwch ac ofergoeledd yr eglwys babyddol, wrth reswm gellid disgwyl iddo roi sylw neilltuol iawn i lwyddiant y Diwygiad Protestannaidd. Ei ddadl ef oedd fod y Cymry llawn mor ddyledus i'r Tuduriaid am gynnig iddynt ymwared ysbrydol trwy ddod â'r Diwygiad Protestannaidd i'w mysg ag yr oeddynt am dderbyn rhyddid materol yn rhinwedd gweithgarwch seciwlar y Goron. Yn nyddiau mab Harri VIII, 'sef y brenin Edward VI, cynysgwyd iddi [Cymru] warediad oddi wrth ei chaethiwed ysbrydol fel y cawsai ryddhâd o'r blaen oddi wrth ei chyfyngder bydol ... Y mae'r Saeson oeddent fleiddiaid rheibus wedi mynd i ni yn fugeiliaid ymgeleddgar, ac agos cyn hynawsed wrthym ni ac ydym wrth ei gilydd'.

Ymaflodd awduron diweddarach yn y syniad dengar hwn am waredigaeth ddeublyg, yn enwedig wrth i Gymru dyfu'n wlad fwy selog ei Phrotestaniaeth. Nid oedd gan Jeremy Owen (flor. 1710-44) yr un amheuaeth nad rhagluniaeth ddarbodus y nef a ddaeth â'r ddwy wlad ynghyd er mwyn rhoi cyfle i'r Sais arfaethu lles y Cymro yn anad 'gyrru cerbydau marwolaeth a distryw i'n mysg'. Ym 1717 gwelai ef ei gyd-wladwyr 'nid fel cenedl arbennig ond fel un pobl, corff gwleidyddol wedi ei ymgorffori'n ddedwydd i'r Saeson'. Aeth Lewis Morris (1701-65) gam ymhellach eto, pan gyhoeddodd ef ym 1729:

> Ni ellir ein galw ni yn bobl drechadwy, canys cytundeb ac amodau heddwch a dynnwyd rhyngom ni a'r Saeson, a bod i'r mab hynaf i'r brenin fod yn dywysog Cymru, ac mae i ni yr un rhyddid â Lloegr yn ein holl gyfreithiau; heblaw ein bod yn cael dilyn ei hen arferion gynt y rhai ŷnt mor gadarn â chyfreithiau. Pa beth gan hynny a fynnem gael, oddi eithr i ni fel yr Israeliaid, weiddi am frenin arnom, yr hyn ni ato Duw tra gwelo yn dda roddi i ni y llywodraeth yr ydym dani.

Ac ar droad y ddeunawfed ganrif, yn ei lyfr dylanwadol ar hanes crefydd yng Nghymru, a ddarllenwyd gan lawer o'i gyd-wladwyr ymhlith yr Ymneilltuwyr, a gynyddai'n ddirfawr mewn rhif y pryd hwnnw, dilynodd David Peter (1765-1837) yr un trywydd. Tanlinellodd y ffaith mai dyled bennaf Cymru i'r Tuduriaid oedd mai'r Deddfau Uno a balmantodd y ffordd ar gyfer rhodd werthfawrocach fyth, sef y Diwygiad Protestannaidd.

Tua'r un adeg, ar ddiwedd y ddeunawfed ganrif, rhoes Edmund Burke (1729-97) fraslun cryno o le'r Deddfau Uno yn hanes Prydain a wnaeth apêl ddwys at lawer yn Lloegr a Chymru yn ystod y ganrif ganlynol. Yr athronydd gwleidyddol athrylithgar hwn oedd y cyntaf i wyntyllu'r cysyniad mai rhagorfraint Cymru a fuasai cael ei dethol yn bartner dewisol cyntaf Lloegr yn yr arbrawf nodedig i ledaenu cyfundrefn cynrychiolaeth seneddol fel yr ateb delfrydol i broblemau llywodraeth ac anhrefn, nid yn unig o fewn ynysoedd Prydain ond yn fyd-eang. Wrth chwilio am ffordd i gymodi Lloegr â Gogledd America, pleidiai Burke mai 'rhyddid ac nid caethiwed yw'r ateb i anarchiaeth'. Mewn paragraff blodeuog, a ddaeth yn adnabyddus iawn, aeth yn ei flaen i geisio dangos mor llwyddiannus yn hyn o beth fu'r Ddeddf Uno yng Nghymru wrth gyflwyno 'cynrychiolaeth gyflawn a chytbwys trwy ddeddf seneddol'. Bu'r canlyniadau'n wyrthiol: 'o'r foment honno, fel pe bai trwy hud a lledrith, gostegodd y terfysg, adferwyd ufudddod, a dychwelodd heddwch, trefn a gwareiddiad yn sgil rhyddid. Pan wawriodd seren-fore cyfansoddiad Lloegr yn eu calonnau, cytgordiodd y cyfan, oddi mewn ac oddi allan.' Er bod yr ymadroddion hyn yn fwy persain a pherswadiol o lawer yn y Saesneg wreiddiol, ni ellir llai na chasglu bod rhyddiaith rethregol Burke yn fwy argyhoeddiadol na'i resymu hanesyddol. Serch hynny, trawodd y nodyn hwn dannau atseiniol ymhlith awduron Cymru'r bedwaredd ganrif ar bymtheg—hyd yn oed os nad enynnwyd lawn cymaint o'r un huodledd ysgubol ag a geid yn y darn gwreiddiol efallai! Y gwir oedd fod y mwyafrif yn eu mysg yn tarddu o hyd o rengoedd y dosbarth bonheddig ac yn bleidwyr selog a diysgog dros gyfansoddiad gwleidyddol Lloegr a'i heglwys sefydledig Brotestannaidd.

Fel eglurebau o'r duedd hon, dewiswyd darnau o waith tri o'r haneswyr hyn a oedd yn nodweddiadol o'u cyfnod: Theophilus Jones (1759-1812); Jane Williams, 'Ysgafell' (1806-85); a Gweirydd ap Rhys (1807-89). Theophilus

Jones oedd y galluocaf o blith carfan o ysgolheigion ar ddechrau'r ganrif a ymroes i ysgrifennu hanes siroedd unigol Cymru. Ŵyr i'r gwron Theophilus Evans, cyfreith-iwr o ran ei alwedigaeth, a hanesydd sir Frycheiniog oedd Theophilus Jones. Yn wahanol iawn i lawer o haneswyr Cymru, nid oedd ganddo fawr o olwg ar Harri VII; ys dywedodd amdano, 'Richmond oeraidd, na allai dim ei ysgogi ond hunan-les, na dim ei symbylu ond cybydd-dod'. Ond cynhesodd yn amlwg wrth gyfeirio at ei fab Harri VIII yn 'gwneud iawn digonol am esgeulustod a difrawder ei dad'. 'Lluniodd, perffeithiodd, bron na ddyw-edwn iddo greu, cyfundrefn gyfreithiol allan o bentwr aflêr o arferion anghyswllt, poenus a chymysglyd ... a sefydlodd ddeddfwriaeth y bu'r Cymry yn ymhŵedd yn daer amdani ac y buont yn ufuddhau'n llawen iddi o'r dwthwn hwnnw hyd at yr amser presennol. Trwy ganiatáu inni rannu'n gyfan gwbl holl freintiau'r Saeson fe'n cymododd ni i dderbyn egwyddor gyflawn cyfraith Lloegr a'i gweinyddiad ymarferol, a fu cyn hynny yn ddieithr inni ac felly heb gael ei derbyn na'i chymeradwyo gennym ond yn rhannol'. Noder hefyd, wrth fynd heibio, mai'r enw a roes Jones ar Ddeddf Uno 1536 oedd 'Deddf Ymgorfforiad' —'Act of Incorporation'.

Awdures eithriadol ddiddorol oedd yr hanesydd amrydd-awn a gwladgarol, Jane Williams. Yn ei chyfrol ar hanes Cymru, *History of Wales* (1869), mynnai mai 'o dan ddylanwad triniaeth dirionach a mwy cyfiawn nag a dderbyniasai'r genedl erioed cyn esgyniad [y Tuduriaid] ac o dan allu dwyfol gwirionedd yr Ysgrythurau yn Gymraeg y datblygodd Cymru' yn raddol i fod yn wlad heddychlon na welid ynddi nemor ddim tywallt gwaed na throseddau ysgeler o unrhyw fath. O holl haneswyr Cymru'r ganrif ddiwethaf, un o'r mwyaf gwreiddiol a difyr cyn cyfnod O. M. Edwards a J. E. Lloyd oedd Gweirydd ap Rhys, nid yn unig am ei fod wedi llunio dwy gyfrol hanes swmpus yn Gymraeg—*Hanes y Brytaniaid a'r Cymry* (1872-4)—ond am iddo wneud ymdrech deg i ledaenu cwmpas ei hanes trwy gynnwys cryn lawer o ddeunydd a dynnai oddi wrth lenyddiaeth Gymraeg pob cyfnod. Cystwyodd yn ddiarbed goncwerwyr Eingl-Normanaidd y cyfnod canol o oes Edward I at gyfnod Edward IV am 'lunio amryw gyfreithiau gormesol yn erbyn y Cymry'. 'Ond yn lle darostwng y genedl i ufudd-dod, yr oedd y cyfryw ormesiadau yn eu ffyrnigo ac yn eu cadw mewn cynnwrf a gelyniaeth barhaus at eu gormeswyr a'u swyddogion'—adlais o neges Burke?

8 Jane Williams (Ysgafell 1806-85), awdur *A History of Wales* (1869).

9 William Llewelyn Williams (1867-1922), awdur *The Making of Modern Wales* (1919).

Parhaodd y gorthrwm hwn mewn grym hyd 'nes y daeth un o linach ddiamheuol yr hen frenhinoedd Brytanaidd i'r maes . . . Henry Tudur, hawl yr hwn i orsedd Prydain oedd hynach a chyfiawnach na neb o'r yspeilwyr Normanaidd'. Yr hyn a brofai deilyngdod Deddf Uno 1536, a ordeiniwyd gan ei fab, oedd y 'gwirionedd na wrthryfelodd y Cymry byth, fel cenedl, ar ôl gwneuthuriad y gyfraith hon; yn brawf cadarn ei bod, ar y cyfan, yn gymeradwy yn eu golwg'. 'Y mae wedi bod yn fendith fawr i'r Cymry mewn llawer ystyr, fel y mae dros dri chan mlynedd o brawf arni yn dystiolaeth ansyfladwy'. Nid oedd gan Gweirydd yntau yr un amheuaeth nad oedd y Deddfau Uno, 'ymuniad dedwydd a gwirfoddol y Cymry â'r Saeson dan frenhinoedd o'u hen linach eu hunain', wedi peri 'nad oes gennym ni mwyach nemmawr i'w draethu . . . ar wahân i'r hyn a adroddir mor fanwl a helaeth gan yr haneswyr Seisnig'.

Proffwyd huotlaf y dehongliad hwnnw am y Deddfau Uno y gellid ei alw'n uniongrededd glasurol y canrifoedd blaenorol oedd W. Llewelyn Williams (1867-1922), a chyrhaeddodd y rhapsodi ei uchafbwynt yn ei lyfr ef, *The Making of Modern Wales* (1919). Cyfreithiwr, aelod seneddol ac un o edmygwyr mawr David Lloyd George oedd Williams. Seiliwyd llawer o'r hyn a oedd ganddo i'w ddweud ar ddatganiadau cynharach George Owen, Henllys, ac Edmund Burke. Talodd deyrnged angerddol frwd i'r hyn a ddisgrifiodd fel 'polisi a ddyrchafodd Gymru ymhen cenhedlaeth i gyflwr o drefn ac ufudd-dod i'r gyfraith'. Yr hyn a achosodd y newid syfrdanol hwn oedd fod Harri VIII wedi mentro ar y cam anturus o 'gyflwyno cyfansoddiad rhydd' ac ymreolaeth i Gymru yn ôl fel y deallai'r unfed ganrif ar bymtheg y term. Bu'r fenter yn llwyddiant di-oed, a hynny 'mewn cyfnod tywyll ac anffodus'. Yn ddiweddglo i'w ddadl, honnodd Llewelyn Williams, megis y gwnaeth Edmund Burke, mai Cymru oedd 'cynghreiriwr a phartner hynaf Lloegr ar lwybr ei gyrfa ddisglair'.

Fodd bynnag, yr oedd o leiaf un agwedd ar ganlyniadau'r Deddfau Uno na allai hyd yn oed edmygwyr pennaf y Tuduriaid ei llyncu'n ddidrafferth. Honno oedd yr effaith adfydus a gawsai ar iaith, llenyddiaeth a diwylliant Cymru. Cyfaddefai Jane Williams fod 'un cam arswydus a gyflawnwyd gan y Ddeddf a fu'n fodd i wrthweithio'i holl gymalau llesol ... trwy fynnu defnyddio'r Saesneg yn unig mewn llys a gweinyddiaeth bu [Harri VIII] yn gyfrifol am achosi gofid a deimlwyd yn greulon ar hyd cenedlaethau lawer ar ôl hynny'. Ac yntau mor ymroddedig i iaith a llên ei wlad, collfarnodd Gweirydd ap Rhys 'gymal yr iaith' yn ddidrugaredd, fel y buasid yn disgwyl. Bu'r un mor llaw-drwm ar y cymal hwnnw a ddiffoddodd yr hen ddull Cymreig o gydetifeddu tiroedd eu tad gan y brodyr oll a chyfyngu'r hawl i'r cyntafanedig, yn ôl arfer y Sais. Ymddangosai'r trefniant estron hwn iddo ef yn gwbl annemocrataidd, a thybiai mai gorau i gyd pe llwyr ddi-ddymid ar fyr dro 'yr ysgeler gyfraith Seisnig etifeddol'.

Yr oedd gan y gwladgarwr pybyr hwnnw, O. M. Edwards (1858-1920), bethau diddorol iawn i'w dweud am y Ddeddf Uno yn ei gyfrol *Wales* (1901). Ef, gyda llaw, oedd y cyntaf i ddefnyddio'r term, 'Y Ddeddf Uno' ('Act of Union'), am Ddeddf 1536, er bod yr hanesydd A. F. Pollard wedi rhoi tipyn mwy o gyhoeddusrwydd iddo ychydig ar ôl hynny. Gan fod O. M. Edwards wedi ei hyfforddi yn nhraddodiad hanesyddol Rhydychen, yr oedd ganddo dipyn o feddwl o gampau'r Tuduriaid. Hwy, yn ei farn ef, oedd y teulu brenhinol a greodd holl agweddau anhepgor y Brydain fodern a gosod sail gadarn i'w mawredd. Ar y llaw arall, nid oedd yn brin o'u dwrdio'n arw am 'sathru'n ddidostur ar sentiment a thraddodiad' a cheisio 'lladd cyfreithiau Cymru a difodi'r iaith Gymraeg'.

A bod yn deg â Llewelyn Williams yntau, dylid cofio na allai hyd yn oed yr amddiffynnwr diysgog hwnnw o wehelyth y Tuduriaid honni y bu'r uniad yn 'lles digymysg' i Gymru. Beiddiodd gyhuddo'r ddeddf, heb flewyn ar ei dafod, o 'glwyfo'r iaith Gymraeg a'i thraddodiad llenyddol hynafol mewn ffordd mor beryglus', o beri niwed i hunan-barch, crefyddolder a 'diwylliant democrataidd y Cymry', ac o seisnigeiddio'r boneddigion ac agor bwlch ieithyddol rhyngddynt a gweddill y boblogaeth.

Ond yn sgil y Rhyfel Byd Cyntaf y dechreuwyd ymosod ar bolisïau'r Tuduriaid yn fwy chwyrn nag erioed o'r blaen. Cofier mai hon oedd yr oes pan ddadrithiwyd disgwyliadau euraid Oes Fictoria am gynnydd awtomatig mewn dyfodol mwy llewyrchus ac am flaenoriaeth 'natur-iol' a pharhaol Prydain Fawr ym myd llywodraeth a gwleidyddiaeth. Hon hefyd oedd adeg machlud rhai o ymerodraethau mwyaf y byd—Rwsia, Twrci, yr Almaen, ac Awstria—ac esgor ar rai o wladwriaethau annibynnol newydd y cenhedloedd 'llai', megis gwlad Pwyl, rhai o wledydd Môr Llychlyn, Iwgoslafia, Tsiecoslofacia, neu Hwngari, a seiliwyd i raddau helaeth ar gwlwm iaith a diwylliant; ac yn eu plith, cyn bo hir, byddai cenedl fach Geltaidd gyfagos y Gwyddelod yn mynnu ei rhyddid. Oes ydoedd pan ddechreuwyd amau o ddifrif werth diymwad yr uniad rhwng Cymru a Lloegr, a fuasai cyn hynny yn rhywbeth na fyddai neb yn breuddwydio amau ei ddoeth-ineb. Tua'r un pryd daethpwyd i osod mwy o werth ar rinweddau gwareiddiad Catholig Cymru'r Oesoedd Canol a pharchu'n haeddiannol y gamp ddiwylliannol a fu ynghlwm wrtho, a hynny ar draul traddodiad mwy diweddar a fu hyd hynny yn drwyadl Brotestannaidd. Aeth haneswyr eraill megis R. H. Tawney ati i fantoli'n fwy realistig a beirniadol ddatblygiadau economaidd a chymdeithasol yr unfed ganrif ar bymtheg ac i ddatgelu pa mor hunanol, chwedl Tawney, fu 'chwyldro'r cyfoethog ar draul y tlawd'.

O dipyn i beth, y canlyniad fu cloriannu'r uniad rhwng Lloegr a Chymru yn fwy amheugar ac anfoddog. Ym 1922 bu dau o haneswyr llenyddol galluocaf Cymru, ill dau yn llenorion disglair a wrthryfelodd yn erbyn llawer o safonau llenyddol y bedwaredd ganrif ar bymtheg yn eu cynnyrch llenyddol eu hunain, wrthi'n traethu'n llym am yr hyn a ddywedwyd gan genedlaethau blaenorol o blaid gweithrediadau'r Tuduriaid. T. Gwynn Jones (1871-1949), bardd Cymraeg mwyaf yr oes, a dynnodd lawer o'i ysbrydoliaeth o farddoniaeth Gymraeg yr Oesoedd Canol, oedd y naill. Gwrthododd ef yn wawdlyd y 'dybiaeth fod [polisi'r Tuduriaid] wedi troi gwlad anarchaidd wyllt yn baradwys ddifrycheulyd', gan fwrw heibio'n ddiseremoni esboniad felly fel 'testun sbort'. Y llall oedd W. J. Gruffydd (1881-1954), ysgolhaig, llenor a beirniad cymdeithasol o fri. Credai yntau yr un mor bendant fod treftadaeth lenyddol a diwylliannol eithriadol lachar Cymru'r Oesoedd Canol wedi ei haberthu'n ddi-hid ar allor uchelgais y Tuduriaid. Ei broffwydoliaeth herfeiddiol ef oedd: 'Fe ddaw Cymru'n Gristnogol eto ac fe adnewyddir ieuenctid ein llên, ond ni wneir hynny nes yr ymysgydwom oddi wrth y malltod a ddisgynnodd arnom gyntaf yn oes y Tuduriaid'. Cyfoeswr i'r ddau oedd un o'r haneswyr mwyaf treiddgar a fagodd Cymru erioed, R. T. Jenkins (1881-1969). Mewn ysgrifau arloesol dangosodd R. T. Jenkins pa mor nodweddiadol oedd Harri VIII o frenhinoedd Ewrop ei gyfnod; nid cyfaill llywodraeth ryddfrydig seneddol o flaen ei oes mohono o gwbl, yn gymaint ag unben oes y Dadeni a fynnai sefydlu trefn, unffurfiaeth ac undod o fewn ei deyrnas uwchlaw popeth arall trwy ddileu pob gwahaniaeth mewn cenedl, cyfraith, gweinyddiaeth ac iaith. Serch hynny, perthynai R. T. Jenkins yn ddigon agos at ideoleg y byd cyn y rhyfel i gredu y gallai 'amrywiol genhedloedd ac ieithoedd fyw yn heddychol gyda'i gilydd' yn yr ugeinfed ganrif 'a gwneuthur llawer o ddaioni i'w gilydd o fewn cwmpas yr un deyrnas'.

Bu sefydlu Plaid Genedlaethol Cymru ym 1925 a graddol ledaenu egwyddorion cenedlaetholdeb gwleidyddol yn ystod y 1920au a'r 1930au yn hwb grymus i rai a fynnai wrthod y Deddfau Uno yn fwy trwyadl fyth. Daeth hanes-

10   R. T. Jenkins (1881-1969), awdur *Yr Apêl at Hanes* (1930).

11   William Ambrose Bebb (1894-1955), golygydd *Y Ddeddf Uno* (1937).

wyr cenedlaethol eu tuedd i'w chanfod fel wal ddiadlam a
throbwynt trychinebus yn hanes Cymru. Bu'r flwyddyn
1936 yn adeg coffáu pedwarcanmlwyddiant Deddf 1536 a
rhoes hyn gyfle dihafal i garfan o ysgolheigion a gydym-
deimlai â'r Blaid i grynhoi eu dadleuon yn ei herbyn mewn
llyfryn byr, *Y Ddeddf Uno* (1937), a olygwyd gan Ambrose
Bebb (1894-1955). Maniffesto gwleidyddol yn anad astud-
iaeth hanesyddol oedd y gwaith hwn, ond cafodd y golygydd
ei hun well siawns i ddatgan ei farn yn fwy cymesur yn ei
lyfr *Cyfnod y Tuduriaid* (1939). Yr oedd Bebb yn hanesydd
digon aeddfed a chytbwys i ganmol rhai o nodweddion yr
Uno, megis difodi arglwyddiaethau'r Gororau, 'uno Cymru
dan un lliw a llun o lywodraeth', dyrchafu statws cyfreith-
iol ei phobl, a gwella gweinyddiaeth y gyfraith. Ond yr
oedd 'yr erlid ar yr iaith yn anfaddeuadwy', ac ni allai byth
esgusodi'r hollt a grewyd rhwng bonedd a gwreng. 'Ni ellir
cyfrif yr uniad yn fesur o wleidyddiaeth ddoeth gariadus,
ac yn sicr nid amcanu'n unig nac yn bennaf at wella cyflwr
Cymru a wnâi'.

Ymhen ychydig o flynyddoedd cyhoeddodd y Blaid
gyfrol o ysgrifau yn dwyn y teitl *Seiliau Hanesyddol
Cenedlaetholdeb Cymru* (1950). Cyfrannodd A. O. H.
Jarman bennod neilltuol rymus iddi ar y pwnc 'Cymru'n
rhan o Loegr, 1485-1800'. Cydnabu mai amcan y ddeddf
oedd 'estyn i drigolion Cymru holl freintiau a dyletswyddau
dinasyddiaeth', ond mynnai yr un pryd mai'r bach ynghudd
yn yr abwyd oedd y dylai'r Cymro fod yn barod i 'ymwadu
â'i genedligrwydd a pheidio â bod fel person gwleidyddol.
Rhaid oedd i Gymru anghofio ei gorffennol gwahanol a'i
phriod gymeriad ei hun ac ymdoddi i Loegr'. Mwy condem-
niol fyth oedd Dr Gwynfor Evans; ond er mor eirias ei
genedlgarwch, rhaid addef mai unllygeidiog braidd oedd ei
ddehongliad ef yn *Aros Mae* (1971). Ef, yn anad neb arall,
ac eithrio Saunders Lewis yn ei ddarlith *Tynged yr Iaith*
(1962), a ymosododd yn fwyaf digyfaddawd ar effeithiau'r
Ddeddf: 'polisi Cymreig y llywodraeth Seisnig fu ceisio

difa'r iaith Gymraeg a difa'r genedl Gymreig. Y ffordd i ddifodi cenedl yw trwy ddifa ei diwylliant; y ffordd i ddifa ei diwylliant yw trwy ddileu ei hiaith'.

Rhoes dathliadau 1936 gyfle i ddau hanesydd profiadol a medrus arall ddatgan eu barn am y Deddfau Uno. Cydnabu'r naill fel y llall mai gresynus fu eu heffeithiau ar iaith a diwylliant, ond eto i gyd ceisiasant eu gosod mewn persbectif hanesyddol. Gweinyddwr o fri oedd Syr Frederick Rees (1883-1967), prifathro Coleg Caerdydd ar y pryd, gŵr a chanddo brofiad maith o ddelio â materion llywodraethol. Yn ei *Tudor Policy in Wales* (1937) honnodd na allai'r un creadur meidrol lunio dedfryd derfynol ar yr hyn a enillodd ac a gollodd Cymru o ganlyniad i'r Deddfau. Ond rhybuddiodd ei ddarllenwyr rhag y perygl o ddiystyru realiti'r unfed ganrif ar bymtheg ac anwybyddu gwerth yr hyn a gyflawnodd y Tuduriaid wrth ddatrys problemau adfer trefn a chyfraith. Atgofiodd ei ddarllenwyr unwaith eto mai'r rheswm pennaf paham y llwyddodd y polisi oedd am ei fod yn apelio at ddosbarth llywodraethol yr oes—y tirfeddianwyr—a'u bod hwythau'n gefn cadarn iddo.

Athro Hanes Cymru Coleg Caerdydd yr adeg honno oedd William Rees (1887-1978), arbenigwr ym maes yr Oesoedd Canol Diweddar. Credai yntau fod manteision economaidd amlwg a niferus wedi deillio o'r deddfau, hyd yn oed os bu rhai o'r colledion cymdeithasol a diwylliannol yn rhai difrifol. Yn ei farn ef, gellid bod wedi mabwysiadu dulliau mwy goleuedig a roesai fwy o ryddid i ddefnyddio'r iaith Gymraeg yn swyddogol, er na ddangosodd yn union sut y gellid bod wedi cyflawni hynny. Ond ei ddadl fwyaf sylweddol oedd dangos y cysylltiad annatod rhwng Deddf Uno 1536 ac argyfwng cyfoes y Diwygiad Protestannaidd yn Lloegr, er nad oes neb bellach yn derbyn ei awgrym fod rheidrwydd ar y brenin i uno'r ddwy wlad er mwyn cyfreithloni'r Diwygiad yng Nghymru fel yn Lloegr, gan fod y llywodraeth wedi sicrhau hynny rai blynyddoedd cyn 1536.

12   David Williams (1900-78), awdur *A History of Modern Wales* (1950).

Tebyg iawn i eiddo'r Reesiaid oedd agwedd David Williams (1900-78) yn ei gyfrol ddylanwadol *A History of Modern Wales* (1950), gwaith a ysgrifennwyd mewn arddull a oedd yn ddiarhebol glir a chryno. Maentumiodd ef mai anhanesyddol oedd haeru mai amcan y Tuduriaid oedd lladd yr iaith Gymraeg a diwylliant Cymru. Meddai: 'Byddai credu fod gan y sawl a luniodd y deddfau unrhyw amcan bwriadol i ddileu'r iaith yn priodoli iddynt ddulliau o amgyffred a berthynai i oes ddiweddarach.'

Ym 1954 cyhoeddwyd llyfr gan G. R. Elton, *The Tudor Revolution in Government*, a barodd gyffro enbyd ymhlith haneswyr cyfnod y Tuduriaid. Neges ganolog yr awdur oedd mai'r gŵr a fu'n bennaf cyfrifol am y cyfnewid mawr a nodweddai hanes Lloegr y 1530au oedd yr athrylith o weinidog, Thomas Cromwell, ac nid y Brenin Harri VIII— er na ddylid anghofio bod O. M. Edwards wedi nodi mor bell yn ôl â 1901 mai 'gwaith Thomas Cromwell oedd yr ad-drefnu gwleidyddol'. Amcan Cromwell, yn ôl Elton, oedd dileu olion yr hen drefn ganoloesol anacronistig a saernïo yn ei lle gyfundrefn fodern fiwrocratig mewn gwlad ac eglwys. Perffeithio sofraniaeth y wladwriaeth oedd ei brif nod, a chyflawni hynny nid yn unig yn Lloegr ond trwy'r deyrnas i gyd, gan gynnwys Iwerddon a Chymru. Ymhen ychydig addaswyd ei ddamcaniaeth yn gelfydd iawn at amgylchiadau'r uno rhwng Cymru a Lloegr mewn clasur o ragymadrodd i lyfr gan W. Ogwen Williams (m. 1969), *Calendar of the Caernarvonshire Quarter Sessions Records, 1541-1558* (1956), a ailgyhoeddwyd yn ddiwedd-arach fel llyfryn ar wahân, *Tudor Gwynedd* (1958). Ei ddadl arbennig ef oedd mai Cromwell, ynghyd ag Edward I, a adawodd ei ôl ddyfnaf a mwyaf parhaol ar strwythur gwleidyddol a gweinyddol Cymru. Cromwell a ganfu yn gliriach na neb o'i flaen beth yn union oedd ansawdd y broblem yng Nghymru'r bymthegfed ganrif a'r unfed ganrif ar bymtheg, ac na ellid symud achosion yr anhrefn a'r anghyfraith yno ond trwy wneud Cymru yn rhan annatod o'r wladwriaeth sofran newydd a oedd ganddo mewn golwg. Golygai hynny ymestyn cyfraith Lloegr a'i llysoedd i Gymru a phenodi ynadon heddwch drwy'r wlad i gyd. Mater o hwylustod ymarferol oedd gorchymyn defnyddio'r iaith Saesneg ym mhob cylch cyfreithiol a chyhoeddus yn hytrach na chynllwyn yn erbyn yr iaith a'r diwylliant Cymraeg. Rai blynyddoedd yn ddiweddarach, cyhoeddodd Ogwen Williams erthygl yn *Cylchgrawn Hanes Cymru* (1964) yn dangos sut y goroesodd yr iaith yng Nghymru yn y cyfnod tan 1642. Cyfraniad arall o'r pwys mwyaf a wnaeth Ogwen Williams, gan adeiladu ar ymchwil cynharach T. Jones Pierce (1905-64), oedd egluro sut yr oedd Cymru yn aeddfed i dderbyn y dulliau newydd trwy fod datblygiadau economaidd a chymdeithasol y ganrif flaenorol wedi dod â dosbarth newydd o foneddigion i fodolaeth, dosbarth a fyddai nid yn unig yn barod i gipio swyddi fel siryddion neu ynadon heddwch oddi ar ddwylo'r brenin a'i weision ond a fyddai yn awchu amdanynt. Nid creu dosbarth newydd o weinyddwyr a wnaeth y Deddfau Uno yn gymaint â manteisio ar un a oedd eisoes mewn bodolaeth.

Dathliad arall—arwisgiad Tywysog Cymru ym 1969 y tro hwn—a fu'n gyfrwng sbarduno cyfraniad meddylgar at y drafodaeth gan un o ganoloeswyr mwyaf adnabyddus Cymru, Syr Goronwy Edwards (1891-1976), yn ei lyfryn, *The Principality of Wales, 1267-1967* (1969). Pwysleisiodd Edwards mai camgymeriad oedd sôn am Harri VIII yn 'uno' Cymru a Lloegr, gan fod gwir uniad y ddwy wlad wedi digwydd ym 1284 ar ôl i Edward I orchfygu tywysogion olaf Gwynedd. Yr hyn a ddigwyddodd ym 1536, yn ôl Edwards, oedd fod Tywysogaeth Cymru a'r Gororau wedi eu cyfannu'n wleidyddol a chyfreithiol; unwyd Cymru oddi mewn iddi hi ei hunan. Peth digon adeiladol oedd dangos mai annigonol fel term oedd 'y Ddeddf Uno' ac efallai'n wir mai gwell fyddai defnyddio enw arall megis 'Deddf Ymgorfforiad'. Ond y mae'r rhan fwyaf o haneswyr erbyn hyn wedi hen gynefino â'r label 'Deddf Uno' a braidd yn bedantig fyddai ceisio bathu enw newydd ar ei chyfer. Fodd bynnag, dylid sylwi bod Goronwy Edwards ei hun wedi gorfod cyfaddef bod deddf 1536 wedi uno Cymru a Lloegr ar dri chyfrif o leiaf: rhoes un gyfraith unffurf i'r ddwy wlad; caniataodd i aelodau gynrychioli Cymru yn senedd Lloegr; a chreodd ustusiaid heddwch o'i mewn am y tro cyntaf. Ond yn fwy na hynny, anwybyddodd Edwards gymaint yn dynnach y clymwyd Cymru wrth Loegr trwy weithrediad grymoedd nad oedd a wnelont â'r Deddfau Uno o gwbl, sef gallu cynyddol y Goron i reoli bywyd Cymru yn fwy trwyadl trwy nerth y Cyfrin Gyngor, y llysoedd barn canolog yn Westminster, y gyfundrefn ariannol a threthiadol, y lluoedd arfog, awdurdod y teyrn dros yr eglwys, a'r cysylltiadau economaidd a chymdeithasol mwy clòs rhwng y ddwy wlad.

Yn y 1970au cynnar daeth Peter R. Roberts, hanesydd ifanc a fuasai'n ddisgybl i David Williams yn Aberystwyth ac i G. R. Elton yng Nghaer-grawnt, i'r amlwg. Cwblhaodd ddoethuriaeth ar y Deddfau Uno o dan gyfarwyddyd Elton a chyhoeddodd nifer o erthyglau craff a chaboledig ar sail y traethawd hwnnw. Bu'n chwilio'n ddyfal dros ben ymhlith y dogfennau gwreiddiol a gedwir yn yr Archifdy Gwladol, a dadlennodd yn ddi-ddadl nad un polisi cyson y buwyd yn ei ddilyn wrth geisio uno'r ddwy wlad. Rhwng deddf gyntaf 1536 a'r ail ym 1543 bu cryn dipyn o wamalu a newid meddwl ar ran y brenin. Bu Harri ar un adeg yn ystyried o ddifrif gynllun a fyddai'n trosglwyddo'r cyfrifoldeb arbennig dros Gymru i Dywysog Cymru. Deallai'n burion mor bwysig oedd yr etifeddiaeth i fab hynaf y teyrn a sut y gallai hwnnw ei ddefnyddio er mwyn ennill profiad yn y grefft o lywodraethu. Felly, drafftiwyd cynllun a fyddai'n cyflwyno Cymru gyfan i reolaeth y tywysog a sefydlu Siawnsri yno i oruchwylio cyfundrefn gyfreithiol y wlad. Gwir na ddaeth dim o'r cynnig hwn; go debyg am fod y Tywysog Edward braidd yn rhy ifanc ac anaeddfed, a

Harri braidd yn rhy hen ac anystywallt; ond dengys o leiaf nad rhywbeth a ragwelwyd yn ei grynswth o'r cychwyn cyntaf oedd yr uniad ac y gallai'r holl broses fod wedi dirwyn i ben mewn ffordd wahanol iawn. Bu Dr Roberts hefyd yn ymchwilio'n ofalus i dynged yr iaith a'r defnydd a wnaed ohoni yn ystod y cyfnod hwn. Daeth yntau hefyd i'r casgliad nad bwriad ymwybodol yr awdurdodau oedd difa'r iaith er iddi ddioddef cryn lawer yn anfwriadol o ganlyniad i'w mesurau.

Un o arwyddion mwyaf calonogol hanesyddiaeth Cymru'r blynyddoedd diwethaf fu cyhoeddi dau lyfr swmpus yn Gymraeg, sef cyfrol awdurdodol yr Athro Geraint H. Jenkins, *Hanes Cymru yn y Cyfnod Modern Cynnar, 1530-1760* (1983) a gwaith godidog Dr John Davies, *Hanes Cymru* (1990). O gofio pa mor annwyl yng ngolwg y naill fel y llall yw iaith Cymru a'r gynhysgaeth sydd ynghlwm wrthi, amhosibl yw peidio â thalu teyrnged iddynt am gydbwysedd ac ymatal eu barn a grymuster eu mynegiant ar destun y Deddfau Uno. Pwyslais yr Athro Jenkins yw ei bod hi'n ofynnol i'w gosod yn ei chyd-destun hanesyddol. 'Ni ellir deall amcan uno Lloegr a Chymru heb fod yn gyfarwydd â throeon cymdeithasol a gwleidyddol y dydd, heb sylweddoli dymuniad y Cymry eu hunain am amgen byd, a heb werthfawrogi awydd Thomas Cromwell i ddifodi pob elfen o arwahandra yn yr ynysoedd hyn.' Ac mae'n cloi ei bennod ar y Deddfau Uno â'r frawddeg hynod afaelgar hon: 'Nid yw'r gorffennol yn atebol i'r presennol a rhaid edrych ar gymhellion ein hynafiaid yn ôl fel yr oeddynt hwy'n barnu pethau ac nid fel y tybiwn ni y dylasent synied amdanynt'. Myn Dr Davies yntau nad y Deddfau Uno oedd yr unig ffactor a achosodd y seisnigeiddio a ddigwyddodd wedi hynny: 'ond y cymal iaith yn y deddf yw'r datganiad amlycaf ynglŷn â'r prosesau oedd yn tlodi'r Gymraeg ac yn cyfyngu cylch ei mynegiant'. Ond ei strôc anfarwol yw ein hatgoffa ni o'r frawddeg feistrolgar arall honno o eiddo Edmund Burke: 'When any

community is subordinately connected with another, the
great danger of the connection is the . . . self-complacency
of the superior which, in all matters of controversy, will
probably decide in its own favour'.

Yn ystod y blynyddoedd diwethaf hyn bu tuedd i geisio
dangos fel y priodolwyd gormod o dipyn i ddylanwadau
uniongyrchol y Deddfau Uno—er gwell ac er gwaeth. Bu
haneswyr yn honni cyn hyn eu bod wedi cyflwyno i Gymru
gyfundrefn gydlynol ac unffurf o ran cyfraith, llywodraeth
a gweinyddiaeth, a ysgubodd o'r neilltu anghyfartaledd ac
anghysondebau'r hen drefn, eu bod wedi trosglwyddo
awdurdod i'r Cymry, a rhoi iddynt gynrychiolaeth yn
Senedd Lloegr. Honnwyd mai canlyniad hyn oll oedd
gweinyddu'r gyfraith yn fwy effeithiol a pheri bod cyflwr
y wlad yn fwy heddychlon. Effaith hynny yn ei dro oedd
ennyn cynnydd economaidd a ffyniant materol. Er gwaethaf
hyn oll, y mae lle i gredu bod dadleuon o'r fath yn gorbrisio
manteision uniongyrchol y ddeddf, yn priodoli iddi fwy
nag y gallai unrhyw ddeddf seneddol nac unben o frenin
ei gyflawni o'u rhan hwy eu hunain. Y gwir yw fod
cyfraith Lloegr a'i dulliau cyfreithiol wedi ymledu'n bell
ac agos yn y Mers yn ogystal â'r Dywysogaeth cyn 1536, a
chyfreithiau Hywel wedi dirywio'n alaethus yn ystod yr
un cyfnod. Ni throsglwyddwyd awdurdod i ddwylo'r
Cymry yn ddisymwth ym 1536-43; a daliodd llawer o
swyddogion yr oes o'r blaen eu gafael yn yr awenau yn eu
hardaloedd eu hunain ond o dan enwau newydd. Yn
bendant, ni wawriodd tawelwch paradwysaidd ar amrant-
iad ac ni fagwyd dros nos barchedig ofn tuag at gyfraith a
threfn; a gwelwyd mwy na digon o derfysg ac anhrefn yng
Nghymru yn oes Elisabeth. Dichon yn wir fod y llywod-
raeth yn gryfach ac yn fwy sefydlog, ond nid i'r Deddfau
Uno yn unig o bell ffordd y mae'r diolch am hynny yn
gymaint ag i'r pŵer cynyddol a oedd gan y Goron wrth law
i'w ddefnyddio, yn enwedig trwy gyfrwng offerynnau
canolog nerthol megis y Cyfrin Gyngor, Llys y Seren,

trefniannau ariannol a milwrol cryfach, awdurdod y Goron dros yr eglwys, ac ati. Ni ddeilliai'r ffyniant economaidd oddi wrth effeithiau'r Deddfau Uno ychwaith; tarddai'n bennaf oddi wrth y cynnydd yn y boblogaeth, chwyddiant prisiau, a'r galw ychwanegol am nwyddau o bob math. Gallesid disgwyl y byddai Cymru wedi profi effeithiau'r datblygiadau hyn—fel y gwnaeth holl wledydd eraill Ewrop —hyd yn oed pe na bai'r Deddfau Uno wedi eu pasio erioed.

Yn naturiol, cyfeiriodd beirniaid Deddf 1536 yn alarus at ei dylanwad trychinebus ar iaith, llenyddiaeth a hunaniaeth Cymru. Yn ôl ymresymu o'r math hwn, cyn 1536 ymfalchïai'r boneddigion yn eu hiaith, a'r adeg honno hwy oedd noddwyr llên a cheidwaid yr ymwybyddiaeth genedlaethol. Unwaith y daeth y Ddeddf i rym trawsnewidiwyd hwy yn fuan i fod yn Saeson o ran iaith a diwylliant. Bellach, ni fynnent fod yn noddwyr llên, a dirywiodd honno yn ddiymdroi. Fodd bynnag, dichon fod pethau'n fwy cymhleth na hynny mewn gwirionedd. Dysgasai llawer o'r boneddigion yr iaith Saesneg ymhell cyn 1536, a'u harfer oedd ysgrifennu llythyrau a dogfennau swyddogol yn yr iaith honno. Ar y llaw arall, daliodd nifer fawr ohonynt i siarad Cymraeg a noddi barddoniaeth hyd ganol yr ail ganrif ar bymtheg. Gwnaed mwy o ddefnydd o'r Gymraeg yn y llysoedd nag y buwyd yn tybied, yn ogystal ag wrth addoli'n gyhoeddus yn yr eglwys. Gwir ei bod yn anwadadwy fod barddoniaeth Gymraeg wedi dirywio'n drist, er nad yw hynny'n wir am ryddiaith Gymraeg, a gafodd adfywiad llesol. Ond mae llawer rheswm dros nychdod barddoniaeth heblaw 'cymal yr iaith', megis dylanwad yr argraffwasg, awydd lleygwyr am well addysg, ac effaith chwyddiant prisiau ar y gyfundrefn farddol. Yn wir, os ceisio iawnddeall Cymru'r unfed ganrif ar bymtheg a'r canrifoedd canlynol yw ein gobaith, rhaid inni ymdrechu i ganfod y Deddfau Uno fel un edefyn yn unig mewn tapestri hanesyddol ehangach a mwy cymhleth, a Chymru fel rhan o ddatblygiad cyffredinol Ewrop gyfoes.

DARLLEN PELLACH

John Davies, *Hanes Cymru* (Llundain, 1990).

Goronwy Edwards, *The Principality of Wales 1267-1967* (Dinbych, 1969).

Gwynfor Evans, *Aros Mae* (Abertawe, 1971).

Geraint H. Jenkins, *Hanes Cymru yn y Cyfnod Modern Cynnar 1530-1760* (Caerdydd, 1983).

J. F. Rees, *Tudor Policy in Wales* (Llundain, 1937).

William Rees, 'The Union of England and Wales', *Trafodion y Cymmrodorion* (1937).

P. R. Roberts, 'The Acts of Union and Wales', *Trafodion y Cymmrodorion* (1974).

P. R. Roberts, 'Welsh Language, English Law and Tudor Legislation', *Trafodion y Cymmrodorion* (1989).

Glanmor Williams, *Renewal and Reformation: Wales c. 1415-1642* (Rhydychen, 1993).

W. Ogwen Williams, *Tudor Gwynedd* (Caernarfon, 1958).

LEWIS MORRIS, Y 'PHILOMATH' YMARFEROL

Branwen Jarvis

Lewis o Fôn . . . a gâr . . . pob Celfyddyd
Lewis Morris

Yn ystod mis Awst 1760 aeth Lewis Morris, ar anogaeth Anne ei wraig, o'i gartref, Penbryn, yng ngogledd Ceredigion, i Landrindod i yfed o'r dyfroedd. Iechyd digon gwael a gafodd Lewis ar hyd ei oes, ac un o themâu cyson ei lythyrau yw ei fynych anhwylderau. Câi ei flino gan beswch mawr yn aml, a dioddefai byliau drwg o'r fogfa. 'A rhyw Beswch, hwyrdrwch, hwyrdrwm', meddai yn un o'i benillion, 'E geid aml ymgodymmu.' Roedd y gwynegon yn ei flino hefyd, ac ar ben y cymdeithion cyson hyn, câi yn ogystal, o dro i dro, gwmni rhyw lid neu haint a ymosodai arno yn ei wendid. Rhwng popeth, nid syn ei weld yn ceisio dal ar y cyfle hwn i wella ei gyflwr.

Yn gwmni ar y daith cafodd yr Ustus Griffiths. Ymfalchïai Lewis yn hynny. Meddai mewn llythyr at ei gyfaill Edward Richard yn Ystradmeurig: 'Who do you think of all the men in the world offered his service to come with me and keep me company there? No less a man than Justice Griffiths who dined here yesterday.' Gwnaed trefniadau hefyd i gwrdd ag Edward Richard yng Nghwmystwyth ar y ffordd.

Bu'r ymweliad â'r ffynhonnau yn llwyddiant mawr. 'I find myself much better, even my asthma and cough is much easier', meddai wrth William ei frawd. Ymhelaethodd ar yr hanes mewn llythyr at Edward Richard:

> I drank of the waters but 6 days. The third I put on my shoes and stockings, which I had not been able to do for 6 months past. The sixth day I mounted my horse without a horse block and almost on a flat, which I had not been able to do for many years; urgent business called me home the 7th day. And I compute if I had staid some weeks longer, I should have been 10 years younger for every week.

I'r sawl sy'n ceisio deall diddordebau a meddylfryd Lewis Morris, fodd bynnag, nid hanes y gwellhad a gafodd drwy yfed dŵr y ffynhonnau yw'r peth pennaf ynglŷn â'r ymweliad. Yn ystod ei ddyddiau yn Llandrindod, bu Lewis Morris, gŵr na wyddai beth oedd diogi, yn brysur ynghylch gorchwylion eraill.

Pan gyrhaeddodd Lewis Morris ac Ustus Griffiths Landrindod, aethant, gyda'u gweision, i dŷ gŵr o'r enw Thomas Jenkins i letya. Edward Richard a gymeradwyodd y lle iddynt, ond siom oedd yn eu disgwyl:

> It looked as if Tischer's corps had been there raising contributions, and had taken all the household stuff away, except an old man and his old wife, a sickly daughter, a few old chairs without bottoms, three broken tables, and had not left either glass on the windows or a pair of bellows.

Nid dianc yn wyneb y fath lanastr a wnaeth Lewis Morris. Yn hytrach, cydiodd ynddi a rhoi trefn ar bethau:

> my servant being a carpenter was set to mend the tables and chairs, and a glazier was sent for, and between the glazier and the carpenter the windows were made. We wanted an upholsterer, but there was none within reach, and very few feathers in the country.

Diau, pe na buasai saer a gwydrwr ar gael, y buasai Lewis Morris ei hun wedi gwneud y gwaith yn ogystal â'i drefnu. Mae digonedd o gyfeiriadau yn ei lythyrau at ei ddiddordeb mewn pethau ymarferol o'r fath, gan gynnwys gweithio offer gwyddonol a thechnegol. Gwnaeth feicrosgop i'w frawd Richard, er enghraifft, a gweithiai ei offer ei hun ar gyfer ei waith fel tirfesurydd. 'At Holyhead makeing of woodpart waywiser & finishing eye-draught', meddai ym mis Gorffennaf 1737. Ond am y tro, cafodd gyfle i roi amser i un o'r pwysicaf o'i ddiddordebau, sef casglu gwybodaeth ynghylch geirfa'r Gymraeg. Tybiai ei frawd

William mai 'gan y brawd Llewelyn y mae'r casgliad goreu o eiriau ag sydd'. O fynd i ardal ddieithr, rhaid oedd dal ar y cyfle i gasglu gwybodaeth newydd. Mewn gwlad o afonydd, holi ynghylch enwau pysgod a wnaeth; ond fe welir y naturiaethwr yn ogystal â'r heliwr geiriau ar waith yn y sylwadau a anfonodd at William:

13 'Lewis o Fôn . . . a gâr . . . pob Celfyddyd': Lewis Morris (Llewelyn Ddu o Fôn 1701-65).

It is a fine open country of a very wholesome air, and the rivers Gwy and Ieithon produce plenty of various kinds of fish, such as salmon, pike, eels, Lampreys, Trout, Chubs, Greylings, Salmon Pinks, Dace, Whelks. The Salmon is called by them in Welsh cammog and chwiwell, the male and female. The pike is penhwyad. The Chub is 3 or 4 pounds full of bones and eaten only by the poor, in Welsh, cochgangen.

The greyling is about ½ a pound and at Buellt called Glasgangenod; they have cross blue lines like a maccerel and are called maccrelod also higher up the river and at Rhaiadr Gwy called Glasannen. These are excellent eating. The salmon pink are 4 or 5 inches long and good eating, and called by some samlets. The Dace is about the size of a trout, good eating and called in Welsh Darsen.

Methiant, fodd bynnag, oedd ei gais i ddod o hyd i ddeunydd hynafiaethol ar gyfer ei gasgliad mawr, a phennaf gwaith ei fywyd, y *Celtic Remains*:

One piece of antiquity which I expected to have met with there is entirely lost with the common people, I suppose, which is a country or tract of land there once called Gwerthrynion. I have enquired among others of a man 102 years old, and he had never heard of such a territory . . .

Bu'n hel geiriau a hynafiaethau felly, yn ôl ei arfer yn gyson. Serch hynny, ar yr ymweliad hwn, mewn maes gwahanol iawn y bu'n ymchwilio'n bennaf. Mae'r brawddegau hyn o'r llythyr a ysgrifennodd at Edward Richard ar 23 Awst ymhlith y darnau mwyaf diddorol ac arwyddocaol yn ei lythyrau:

I brought with me a good microscope and proper apparatus's to examine the salts of the different

springs there, before I ventured in earnest on either of
them, and shewed the experiments to several gentle-
men and ladies to their very great surprize. This
determined my choice of the waters, and nature
points each of them to their proper purposes from the
very figure and make of their salts, which are better
guides than all the experience of an undirected multi-
tude. It is a pity there was not a treatise wrote on these
waters by an experienced natural philosopher, it
would save thousands of lives. Delinden's book is a
mere puff. I read it with great attention, but it made
me never the wiser, nor will it make any body else, for
he observes neither method nor order nor truth. If
there was a practical treatise of the method of cure for
the various diseases of mankind by these waters, it is
my opinion these living waters would be the greatest
panacea ever yet discovered by Physicians. And what
is all physic but a collection of experiments[?].

Mae'r pwyslais yn amlwg. Archwilio, arbrofi, sylwi, a
hynny'n wrthrychol drefnus. Felly y cyrhaeddir at wirion-
edd. Ni ddaw'r gwirionedd drwy brofiad goddrychol a
damweiniol, ni waeth pa mor eang fo'r profiad hwnnw,
ond drwy arbrofion cynlluniedig a phwrpasol. Ac yr oedd
Lewis Morris, drwy gludo ei feicrosgop gydag ef, yn
gwneud mwy na rhoi mynegiant i'r meddylfryd hwn; yr
oedd yn ei weithredu'n ymarferol.

Yr oedd cemeg, a rhoi i'r wyddor ei henw modern, yn un
o wybodaethau newydd y ddeunawfed ganrif. Nid yw
Lewis Morris yn dweud wrthym beth a welodd drwy'r
gwydr. Amatur yn y maes ydoedd, ac ni cheir ganddo
ymdrech ofalus i geisio disgrifio a dadansoddi'n fanwl y
prosesau a oedd ar waith. Yr hyn a geir yn hytrach yw gŵr
bywiog ei feddwl, mawr ei ddeallusrwydd a'i ddiddordeb,
yn dangos ei fod yn deall egwyddorion sylfaenol y wyddon-
iaeth newydd ac yn awyddus i ymwneud yn ymarferol â

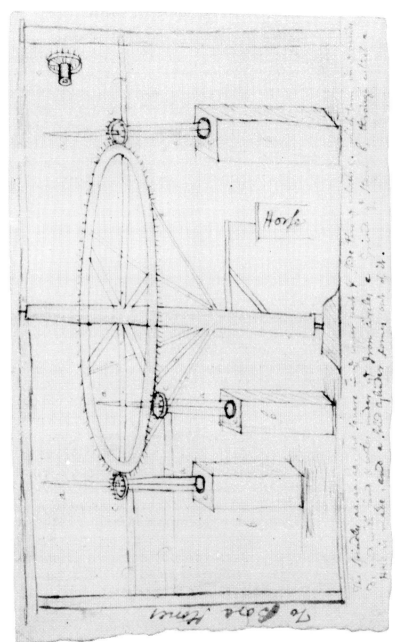

14 Cynllun peiriant i dyllu cerrig a luniwyd gan Lewis Morris.

hi. Mae'n ddiddorol mai ymateb ei gyd-ddyfrwyr i'r gŵr hwn a'i feicrosgop oedd 'very great surprize'. Ymhlith ymwelwyr cyffredin Llandrindod, yr oedd yn dipyn o ryfeddod.

Un o 'wŷr y goleuni' oedd Lewis Morris. Yr wyf yn dewis yr ymadrodd yn bwrpasol, er mwyn pwysleisio'r ystyr yng nghyd-destun y ddeunawfed ganrif. Newidiodd arwyddocâd yr ymadrodd yn llwyr bellach. Erbyn hyn, y mae i'r gair 'goleuni', o'i ddefnyddio'n drosiadol, ystyr ysbrydol neu grefyddol. I'r gwrthwyneb yn hollol yng nghyfnod Lewis Morris. I'r Ffrancwyr, hon oedd canrif y goleuadau, 'siècle des lumières'; i'r Saeson, 'the age of enlightenment', ac yr oedd y 'goleuni' hwn yn seiliedig ar wirionedd gwrthrychol, ar yr hyn y gellid ei weld, ei ddisgrifio, ei ddosbarthu a'i brofi. 'An age that so deeply distrusted metaphysics', meddai un hanesydd, Thomas L. Hankins, amdani, gan fynd yn ei flaen i bwysleisio tuedd y cyfnod i brofi bodolaeth Duw, hyd yn oed, drwy batrwm cynlluniedig ei greadigaeth ddaearol.

I raddau yn unig y mae'n wir ei bod yn oes anfetaffisegol, wrth gwrs. Go brin fod yr ysbrydolrwydd dychmygus Methodistaidd a welai'r gwir realiti mewn byd y tu hwnt i'r byd hwn yn ffitio'r patrwm, er y dylid cofio ar yr un pryd am rai o'r dylanwadau cyfoes a fu ar feddwl Pantycelyn ac am eirfa ddiwinyddol David Charles, genhedlaeth yn ddiweddarach. Esbonio, trefnu, gwylio y mae ei Ragluniaeth ef. Yn anorfod, y mae meddwl 'goleuedig' y cyfnod yn bellgyrhaeddol, ac yn dylanwadu ar y Methodistiaid hwythau, ond er hynny y mae eu meddylfryd, at ei gilydd, yn peri i ni amodi gosodiad cyffredinol Hankins. Fodd bynnag, y mae ei eiriau yn gweddu i'r dim i ddisgrifio Lewis Morris. Ni bu creadur llai metaffisegol nag ef—na llai hoff o'r Methodistiaid!

Nid oedd Lewis Morris yn ŵr hanfodol grefyddol nac ysbrydol ei fryd. Ni feddai ar natur ddefosiynol ddidwyll ei frawd William na phenderfyniad ymroddgar ei frawd

Young Mends the Clothier's
Sermon,

53.

as it was spoke to his Father Brothers
& Family, when the Spirit first
moved him to be a Methodist preacher

Exactly copied from ye Life by a
Person well skilled in Short-Hand.

1743

Dear mother

O Dear Father! o Dear Brothers, and
Dear friends, more dear to me than
Wooll & Fullers Earth, or a shower
of Rain that bringeth water to
our Tucking mill. Hear my voice
all ye children of men, the Spirit
hath moved me at sundry times
and places to speak unto you, and
ye time is at hand that Temporal
Salvation is come into our Family,
when money is scarce what will then
become of Trade unless some Expedient
be thought of; St Luke had

15 Rhan o bregeth ddychanol wrth-Fethodistaidd, 'Young Mends the
Clothier's Sermon', gan Lewis Morris.

Richard i weithio o blaid crefydd. Nid yw'n wrthwynebus
i grefydd; yn wir, y mae'n derbyn y confensiynau yn
ddigon parod. Ond i gyfeiriad 'goleuni' rhesymegol ei
gyfnod y sianelwyd holl egni ei feddwl, a'r goleuni gwydd-
onol hwnnw (a defnyddio'r gair 'gwyddonol' yn ei ystyr
eang) a symbylodd ei weithgarwch ymarferol.

Nid hwn fu'r unig symbyliad, wrth gwrs. Ni ellir deall
Lewis Morris heb gofio am y gynhysgaeth deuluol. Nod-
weddid y pedwar brawd, gan gynnwys John, y bardd a'r
llythyrwr bywiog o forwr a fu farw'n ifanc ym 1741 ar un
o fordeithau'r *Torbay*, gan ddeallusrwydd, egni, a natur
hanfodol ymarferol. Gwneud, casglu, trefnu oedd eu
hanian ac yr oedd eu diddordeb yn y byd naturiol yn elfen
mor bwysig yn eu gwneuthuriad â'u cariad at y Gymraeg
a'i phethau.

Etifeddasant lawer gan eu rhieni. Yn llythyrau William
at ei frodyr cawn hanes y tad, Morris Prichard Morris, yn
ei henaint. Mae'n wydn, gorff ac ysbryd, yn crwydro'r
ynys i ffeiriau a gwyliau ac i ymweld â phobl ac yn fawr ei
ddiddordeb yng ngweithgareddau ei feibion. Cafodd y
fam, Marged, enwogrwydd yng nghywydd coffa Goronwy
Owen iddi. Ynddo, mae'n disgrifio ei gallu fel meddyg
gwlad answyddogol. Un hyddysg ym maes trin afiechydon
a defnyddio planhigion meddyginiaethol oedd hi:

> Rhôi wrth raid gyfraid i gant,
> Esmwythai glwyfus methiant.
> Am gyngor doctor nid aeth
> Gweiniaid, na meddyginiaeth.
> Dilys, lle bai raid eli,
> Fe'i caid. Nef i'w henaid hi!

Nid oedd gan Oronwy unrhyw amheuaeth nad oedd Marged
Morris wedi trosglwyddo doniau pwysig i'w phlant. Wrth
sôn am ddiddordeb mawr William mewn planhigion, y
mae'n nodi mai 'felly ei fam'; etifeddodd Elin, ei merch,
hefyd ei galluoedd hi:

Dwedant ym Môn nad ydyw
Cyneddfau, doniau dinam,
Elin, ei merch, lai na'i mam.

'Ei theulu sy'n harddu'n hoes', meddai Goronwy, ac y mae ei eiriau yn arbennig o wir am Lewis Morris.

Ynddo ef, yn fwy nag yn yr un aelod arall o'r teulu, gwelir cyfuno'r gynhysgaeth deuluol â dulliau a meddylfryd oes newydd. Drwy gydol ei oes, ymddiddorodd Lewis yn yr hyn a alwem ni yn wyddorau bywydegol a chemegol, a'r hyn a alwai ef yn 'natural philosophy'. Yn y ddeunawfed ganrif, datblygu o'r maes meddygol a wnaeth llawer iawn o'r wybodaeth fywydegol a chemegol newydd. Y mae hanes Lewis Morris ym mynd â'i feicrosgop i Landrindod i geisio deall prosesau cemegol yn enghraifft dda o'r dilyniant hwn. Ceir enghreifftiau trawiadol hefyd ohono yn defnyddio dulliau gwyddonol y cyfnod, sef gwylio, gweld, a disgrifio er mwyn ceisio deall ac egluro anhwylderau anifeiliaid. Mewn un cofnod a ysgrifennodd, ym 1747, y mae'n disgrifio'n fanwl sut yr aeth ati i drin ceffyl claf. Aflwyddiannus fu'r driniaeth, a thrigo fu hanes y ceffyl. Er mwyn ceisio deall yr hyn a ddigwyddodd, aeth Lewis Morris ati wedyn i wneud archwiliad *post-mortem* o'r ceffyl:

I opened him found all the Entrails, Guts, Liver, Maw, sound and but a few small white worms in ye Maw, but the Chest (within the Pleura) full of a yellow Liquor to the Quantity of several Gallons, and the Lungs were rotted away in Threads by ye s^d water. Therefore I suppose nothing would have cured that Horse but Tapping in ye Breast or particular purges by urine taken timely. What the cause of this yellow water was, is worth the Enquiry of ye Curious, or how the Poysond grass produced the said water.

Gwelai Lewis Morris fod y mwynfeydd plwm yng ngogledd

Ceredigion yn llygru'r tir, a bod anifeiliaid, ac adar yn arbennig, yn cael eu gwenwyno gan y dŵr a'r llystyfiant. Yr oedd adar gwyllt, meddai, yn cadw draw: 'No wild fowl will frequent these mineral mountains & Rivers, as if they foresaw the danger.'

Mae'r pwyslais hwn ar archwiliad *post-mortem* ac ar effeithiau llygredd yn swnio'n drawiadol o fodern. A dyna, mewn gwirionedd, fesur Lewis Morris. Dylanwadwyd yn drwm arno gan syniadau a dulliau gwyddonol cyfnod a welodd osod seiliau gwyddoniaeth fodern.

Mae'n ddiddorol fod y Morrisiaid eu hunain yn ymwybodol fod ganddynt ddoniau ymhell uwchlaw'r cyffredin, a'u bod yn ymfalchïo yn hynny. Dyma William, mewn llythyr at Richard ym mis Gorffennaf 1748, yn nodi'n falch fod ei fab bychan yn arddangos nodweddion y teulu: 'bachgenyn rhyfedd yw Sionach. Ni welais i erioed mo ei ail am ddysgu; gwaed Pentre'rianell sydd yn rhedeg yn ei withi mae'n debyg.' Un o'r teulu oedd y mathemategydd disglair William Jones o'r Merddyn, aelod o'r Gymdeithas Frenhinol a thad yr ysgolhaig ieithyddol Syr William Jones. Mae Lewis yn arddel y cysylltiad: 'for both my father and mother were related to your mother', meddai mewn llythyr at William Jones ym 1749.

Yr oedd gan Lewis Morris ffordd arbennig o ymagweddu at ei alluoedd ei hun. Parai ei natur ddiamynedd, drahaus ar brydiau, ei fod yn bur feirniadol o eraill. Hawdd iawn, meddai wrth William, y gallai ychydig o allu cynhenid a rhywfaint o ymdrech gael y gorau ar bobl a ystyrid gan eraill yn ddysgedig:

> The generality of learned people is not so knowing as you imagine,—a little happy nature, assisted with a very little diligence and application will outdo ye forced study of common unanimated clay such as ye mass of mankind are made of.

Ofnai Lewis Morris mai o'r clai cyffredin hwn y gwnaed ei

feibion ei hun: 'they are extream dull', meddai wrth eu hysgolfeistr, Edward Richard. Nid oedd yn brin o ddweud hynny wrth y plant ychwaith: 'they . . . are often told they are fit for nothing but to make shepherds and miners.' Mae'n ymddangos, serch hynny, mai diffyg amynedd Lewis Morris a oedd wrth wraidd y beirniadu, yn hytrach na diffyg gallu'r plant. Tystia Edward Richard i'w doniau:

> The little Boys are in high spirits & begin to make Latin, why should you doubt their Capacity? I have fifty and upward under my care that are not equal to them: I am sure if they have fair play they will make much better scholars than their Master; & for aught I know may in time come up to their father, which I think is sufficient for them or any Body else.

Gwedd arall ar falchder Lewis Morris oedd ei awydd i adael enw ar ei ôl. Yn hyn o beth hefyd, gwelir bod yr ymdeimlad o fod yn greadur uwch na'r cyffredin yn elfen bwysig. Diau fod yr ymdeimlad cyson o agosrwydd angau a godai o'i fynych gystudd hefyd yn rhoi min ar yr awydd hwnnw. Fel y dywedodd wrth Edward Richard, ddeufis cyn yr ymweliad â Llandrindod:

> Time runs on very fast, and I am afraid we shall die like other men and be buried among the herd, without doing any thing to preserve our names, no more than Modryb Ellyn o'r ty bach ar y mynydd. This is a mortification to think of.

Ceir yma fwy na thinc o'r 'odi profanum vulgus' Horasaidd, y teimlad hwnnw o ddibristod o'r cyffredin a welir yn amlwg hefyd yn ysgrifeniadau rhai o ddyneiddwyr Cymraeg yr unfed ganrif ar bymtheg. Nid damwain mo hyn. Yr oedd Lewis Morris yn gyfarwydd iawn â gweithiau'r dyneiddwyr. Yn wir, y mae un o'i ysgrifeniadau cynnar yn dwyn nodau digamsyniol eu meddylfryd a'u harddull, i

gymaint graddau nes y gellir ei ystyried yn ymarferiad
bwriadol ar batrwm eu rhagymadroddion ffurfiol a chyn-
lluniedig hwy. Rhaglith ydyw a luniwyd ym 1729, pan
oedd Lewis Morris yn ŵr ifanc naw ar hugain oed. O'i
blaen ceir y geiriau: 'The following treatise is a preface to
a book composed by me, L.M. entitlu'd *Yswlediad byr o'r
holl gelfyddydau a gwybodaethau enwocaf yn y byd.* June
1729.' Ddeng mlynedd ar hugain yn ddiweddarach, ych-
wanegodd Lewis Morris nodyn bach ar ymyl y ddalen: 'A
poor preface indeed, says L.M. 1759.' Bid a fo am farn
Lewis Morris; mae'r rhaglith yn ddogfen ddiddorol a
dadlennol i'r sawl sy'n ymddiddori yn ei hanes.

Mae'r rhaglith yn dechrau trwy daro'r un nodyn o
falchder deallusol a chymdeithasol ag a welsom eisoes:

> Attochwi y rhai sy'n deall nattur y byd, sef philosoph-
> yddion, yr anrhegaf fy llyfr, ag nid at gyffredin werinos
> y wlad. Oblegid ni bydde hynny namyn taflu porthiant
> dan draed anifeiliaid anllywodraethus.

O ddechrau ei yrfa hyd at ei diwedd felly, ni newidiodd
ymdeimlad Lewis Morris o'i ragoriaethau ef ei hun na'i
ddirmyg tuag at bobl gyffredin.

Nid yw hon ond un o'r themâu sy'n cydio rhaglith Lewis
Morris wrth waith ei ragflaenwyr. Ceir yma apêl i'r
cyffredin, ar iddynt chwilio am addysg, mewn darn sy'n
atgoffa dyn o rai o eiriau enwog William Salesbury ar yr un
pwnc:

> Wrthit tithe y gwerin gwladaidd y dwedaf bellach, Os
> oes genit ewyllys, ag os medri ddarllen, tyred yn nes
> a dysg. Ag oni fedri, cais ddysgu darllen gynta y
> galloch.

Megis y canmolwyd Salesbury am helaethrwydd ei ddysg
gan Thomas Wiliems, felly y mae Lewis Morris yn canmol
'cyfeillion . . . o ddiledryw waed Cymru' am eu campau

gwybodaethol hwy, mewn geiriau sy'n rhyfedd o debyg i
eiddo Wiliems:

> Ond hyn a ddywedaf, ag a brofaf o flaen y byd os bydd
> achos, fod rhai o'r cyfeillion rhag-ddywededig yn fyw
> heddyw, ag o ddiledryw waed Cymru, na welsant
> braidd ei cyffelib erioed am y ddysgeidiaeth y bont yn
> broffesu—megis philosophyddiaeth a'i rhannau, per-
> oriaeth, physygwriaeth, meddyginiaeth, llongwriaeth,
> a'r rhannau eraill o'r mathematicaidd gelfyddydau.

Y mae Lewis Morris yn sôn hefyd am odidowgrwydd y
Gymraeg a hynafolrwydd ei thras; mae'n ymffrostio yn y
modd y mae'n rhagori ar ieithoedd eraill, yn enwedig y
Saesneg; mae'n ymosod ar y boneddigion am ei hesgeuluso;
brithir ei eiriau â chyfeiriadau clasurol ac â chyfeiriadau at
ddysgedigion o Gymry. Themâu a nodweddion y dyn-
eiddwyr yw'r rhain, gwŷr y mae Lewis Morris yn cyfeirio
atynt wrth eu henwau yn ei raglith.

Mae gwythïen dyneiddiaeth Gymreig, gyda'i phwyslais
ar y Gymraeg ac ar ehangder dysg, yn elfen amlwg yng
nghyfansoddiad Lewis Morris. Ond nid iawn fyddai tybio
mai'r ddyneiddiaeth honno, yn ddigyfnewid ac yn ddi-
ddatblygiad, a welir yn ei waith ef. Gwir iddo dderbyn
llawer gan Gruffydd Robert, William Salesbury, Siôn
Dafydd Rhys, Richard Davies, John Davies, Edmwnd Prys
ac eraill y mae'n eu henwi. Hwy, fe ymddengys, a fu'n
bennaf cyfrifol am fegino fflam ei ddiddordeb yn yr iaith
Gymraeg a'i hynafiaethau a'i barch at draddodiad barddol
y canol oesoedd. Eto i gyd, nid yw'n rhannu'r sêl ddiwyg-
iadol grefyddol sy'n annatod glwm wrth ddyneiddiaeth yr
unfed ganrif ar bymtheg; ei frawd Richard, fel mae'n
digwydd, a'i argraffiadau ef o'r Beibl a'r Llyfr Gweddi, sy'n
etifeddu'r traddodiad hwnnw. Rhaid cofio hefyd fod y
syniad o 'ddysg', yn enwedig dysg ymarferol a gwyddonol,
wedi newid a datblygu cryn dipyn erbyn y ddeunawfed
ganrif.

O droi'n ôl at y rhaglith, fe welir digon o arwyddion fod byd 'dysg' Lewis Morris yn wahanol i fyd 'dysg' William Salesbury, dyweder. Y mae'n cynnwys cyfeiriadau at Edward Lhuyd a John Locke, ymhlith eraill. Mae cyfeiriadau Lewis Morris at Edward Lhuyd yn bur fynych, a pha ryfedd hynny, o gofio am y tebygrwydd eithriadol sydd rhyngddynt o ran meddylfryd a diddordebau? Mae *Celtic Remains* Lewis Morris yn llinach uniongyrchol *Archaeologia Britannica* (1707) Edward Lhuyd, ac mae eu diddordebau gwyddonol hefyd yn gyswllt pwysig rhyngddynt.

16   Edward Lhuyd (1660-1709), awdur *Archaeologia Britannica* (1707).

Gellir dweud bod y gyfatebiaeth rhyngddynt yn ddeublyg.
Yn gyntaf, ceir cyfatebiaeth o ran natur ac amrediad eu
diddordebau, sy'n ymestyn o ieitheg a hynafiaethau Celt-
aidd at ffenomenâu'r byd ffisegol. Yn ail, ceir cyfatebiaeth
o ran dull o feddwl. Mewn dadansoddiad tra diddorol,
dangosodd Dr Brynley F. Roberts sut y mabwysiadodd
Edward Lhuyd ddulliau newydd y cemegydd a'r bywydeg-
ydd i bwrpas astudio iaith. Yn yr un modd, y mae arfer
Lewis Morris o ddisgrifio, dosbarthu, cymharu, yn nod-
weddu ei waith i gyd, ac nid ei waith a'i sylwadau gwydd-
onol yn unig. Yma, er enghraifft, wrth drafod sut y dylid
egluro—neu ymgadw rhag egluro—enwau lleoedd, y mae
Lewis Morris yn ofalus wyddonol ei agwedd:

> Etymology requires a great deal of modesty . . . As for
> my part, I am very cautious how I meddle with those
> things, and can say nothing positive, and abominate a
> fanciful derivation of an ancient name. If we can give
> a probable and grave account of a name, and back it by
> ancient authority or reason, it is all that can be
> expected, and we should stop there.

Dysgodd Lewis Morris lawer gan Edward Lhuyd am
darddiad yr ieithoedd Celtaidd, ac am ddulliau cymharol o
astudio eu geirfa. Ar yr un pryd, y mae pwyslais Lewis
Morris ar fod yn bwyllog ac yn ymatalgar yn peri iddo, yn
wyneb ymgais Lhuyd i roi tarddiad Gwyddeleg i enwau
afonydd yng Nghymru a Lloegr, leisio rhybudd. Mae
angen mwy o dystiolaeth hanesyddol cyn gwneud hynny,
meddai, gan fod y defnyddiau sylfaenol sydd wrth law, sef
ffurfiau cyfoes geiriau ac enwau, yn gymysg a llygredig.
Gwelodd Dr Roberts, yn ymdrech Edward Lhuyd i wrth-
brofi haeriad Dr Edward Bernard ym 1689 mai chwarter
geiriau'r Gymraeg yn unig a oedd yn Geltaidd eu tarddiad,
ddulliau'r cemegydd ar waith:

he put Bernard's claim to the test, by comparing a sample of Welsh words, similar in sound to Latin words, with other similar words in languages not affected by Latin, e.g. Irish; he then carried out a similar exercise with Breton to isolate cognates in a language unaffected by English . . . it is best described as a chemical experiment to isolate elements in a compound.

Yn yr un modd, a chan ddefnyddio'r un math o gymhar-iaeth gemegol, gellir gweld yma Lewis Morris yn mynnu bod yn rhaid puro a neilltuo elfennau cyn y gellir profi damcaniaeth yn foddhaol:

Many an alteration by conquest, by mixt colonies, and by several accidents, hath the Celtic tongue suffered from that day to this, and I know no man living that can tell me the meaning of a mountain in Wales called *yr Eifl*, another called *Pumlumon*, and many such. How then is it possible to explain the names of mountains and rivers in England, France, and Italy, &C., though purely Celtic, when disfigured by time, by bungling transcribers, by foreign conquer-ors of the Teutonic race, and by the great tyrant, Custom?

Nid yw'r sylwadau hyn yn ymddangos yn ddieithr erbyn heddiw; maent yn ymgorffori egwyddorion ysgolheigaidd sydd wedi eu hen dderbyn. Ond pan eir ati i gymharu'r hyn sydd gan Lewis Morris i'w ddweud â sylwadau pur ffansïol rhai o'r dyneiddwyr ynghylch tarddiad enwau, gellir gweld yn glir y symud a'r datblygu a fu yn y ffordd o feddwl dros gyfnod o ryw ganrif a hanner. Bu i Edward Lhuyd ei ran bwysig yn y datblygu hwnnw, er gwaethaf tuedd Lewis Morris i anghytuno â'i farn o dro i dro.

Un arall y ceir cyfeirio ato yn y rhaglith yw John Locke.
Ni charwn awgrymu unrhyw ddylanwad pellgyrhaeddol y
tro hwn, ond y mae'n amlwg ar yr un pryd fod y sylwadau
ystyriol a geir gan Lewis Morris yn arwydd o'r diddordeb
mawr a oedd ganddo mewn syniadau newydd. Yr hyn a
welwn yw Lewis Morris yn ceisio cymhwyso rhai o syn-
iadau Locke, 'rhyfeddod yr oes ddiweddaf', at y Gymraeg.
Dau o bynciau mawr ei waith enwog, *Essay Concerning
Human Understanding*, yw addaster geiriau at eu pwrpas
a natur 'idea', sef y cysyniadau sylfaenol, ffisegol a medd-
yliol, y mae'r deall yn eu hamgyffred. Gall y cysyniadau
hyn, medd Locke, fod yn 'syml' neu yn 'gyfansawdd'
('complex'), hynny yw, yn gyfuniad o gysyniadau neu
'ideas' syml. Barn Lewis Morris—yn ei ymgais wastadol i
ddyrchafu'r iaith—yw bod y Gymraeg yn rhagori ar y
Saesneg o ran nifer y geiriau sy'n cyfleu'r cysyniadau
cyfansawdd hyn:

> a phe i mynnwn, mi a ddangoswn eglurdeb ddigon o
> ragoroldeb ein iaith ni uwchlaw Saesonaeg, ar sylfaen
> a phrif bynciau Mr Lock ei hun, megis yn y cyfansodd-
> edig ddelwau hynny a eilw ef COMPLEX IDEAS; y
> cyfryw ag Enllyn, Pentyr, Cnawd, a llawer o'r cyffelib,
> y rhai y mae ar y Saeson eisiau enwau iddynt.

Mae'r pwnc cyntaf, sef addaster geiriau o ran troi 'idea'
ffisegol, hynny yw, seiniau corfforol, yn 'idea' yn y
meddwl, hefyd yn rhoi cyfle i Lewis Morris ymffrostio yn
natur yr iaith Gymraeg. Ond nid ymffrostio yn unig a
wneir; fe'i gwelwn ef yma, fel y dywed ef ei hun, yn
meddwl o'r newydd am deithi'r iaith dan ysgogiad syn-
iadau Locke:

> Yr stori hon [sef hanesyn y mae newydd ei adrodd] a
> wnaeth i mi ddal sulw ar beth na wn i i neb yn yr oes
> hon son am dano o'm blaen i, sef bod y Gymraeg yn

llawn o eiriau cyfansoddedig yn y modd y dwedais
uchod; sef â'r swn yn attebol i nattur y gwraidd-beth,
megis pan arwyddoceir rhyw beth ffiaidd, budur,
aflan, neu anghytunol; chwi gewch eiriau a'r lythyren
ch ynddynt yn aml iawn.

Ceir ganddo wedyn ddetholiad o'r geiriau hyn i ddisgrifio
pethau 'anghytunol', geiriau megis 'chwydu', 'crach-boeri',
'chwerw', 'echryslon', 'erchyll', 'chwyrnu', 'gwrach',
'cuchio' ac 'ymgeintach'.

Enghreifftiau yn unig yw Lhuyd a Locke o'r meddylwyr
ôl-ddyneiddiol a ddylanwadodd ar Lewis Morris. Mewn
gwirionedd, y mae'r dylanwadau a fu arno yn eang iawn.
Yr oedd gwyddonwyr mawr yr ail ganrif ar bymtheg a
dechrau'r ddeunawfed ganrif yn sicr ymhlith ei arwyr.
Mae'n defnyddio'r geiriau 'sacred' a 'glorious' i ddisgrifio
dysg Halley, y ffisegydd a'r seryddwr enwog, a Newton.
Lluniodd gwpled Saesneg—ystrydebol, rhaid cyfaddef—ar
farwolaeth Newton:

Ambitious man! what makes you look so high?
the great as well as small are doom'd to Dye.

Ymhlith cenhedlaeth Lewis Morris, prin y ceid neb a oedd
yn gwir ymddiddori mewn mathemateg a deddfau ffisegol
na thalai'r math hwn o deyrnged i Newton. Oherwydd i
Newton ddatrys y broblem gosmig fwyaf oll, a dangos bod
symudiadau'r planedau yn ddarostyngedig i'r un deddfau
â symudiadau ar y ddaear, nid oedd pall ar yr edmygedd
ohono. Erbyn 1784, yr oedd ar gael ddeugain llyfr Saesneg
ar Newton, dau lyfr ar bymtheg mewn Ffrangeg, tri mewn
Almaeneg, un ar ddeg mewn Lladin ac un bob un mewn
Eidaleg a Phortwgaleg. Mae'n ddigon naturiol, felly, fod
Lewis Morris yn rhoi mynegiant i deimlad a oedd yn bur
gyffredin ymhlith gwŷr o ddysg, gan gynnwys ei gâr
William Jones, un o ladmeryddion pwysig Newton.

Er mai lleisio un o gyffredinolion y cyfnod y mae Lewis Morris wrth ganmol Newton, nid peth arwynebol o bell ffordd oedd ei ddiddordeb mewn mathemateg. Yn wir, yn ei gyfnod cynnar, mathemateg a âi â'i fryd goruwch pob astudiaeth arall. Er iddo ddweud amdano'i hun 'Lewis o Fôn . . . a gâr . . . pob Celfyddyd', eto i gyd, mathemateg oedd ei ddiléit pennaf, a'r gelfyddyd hon, yn ei dyb ef, oedd yr agoriad i ddeall y byd yn ei gyfanrwydd. Ym 1726, atebodd un o lythyrau ei frawd Richard â'r llinellau hyn:

> the mathematicks are my atmosphere
> In which medium when I'm only there
> It makes me think that I move everywhere.

Mathemateg fel uchel gelfyddyd sydd yma: pwnc a oedd yn tanio'r ysbryd a'r dychymyg. Ymddiddorodd mewn nifer fawr o feysydd eraill yn ddiweddarach, ond mae'n tystio ym 1761, tua diwedd ei oes, fod y diddordeb cynnar hwn wedi parhau: 'Natural Philosophy and Mathematics have taken up much of my attention from my childhood', meddai mewn llythyr at Samuel Pegge.

Ceir nodyn arwyddocaol ar ddechrau un o'r casgliadau cynnar iawn o ryddiaith a barddoniaeth a wnaeth Lewis Morris: 'Dechreuwyd ysgrifennu cynhwysiad y Llyfr hwn ynghylch y flwyddyn 1722 genifi Lewis Morris philomath o Blwy Penrhos Lligwy yn Sir Fon pan oeddwn yn 21 mlwydd oedran ac yn ddigon diwybodaeth'. Un o eiriau allweddol y ddeunawfed ganrif yw 'philomath'. Ei ystyr yw 'un sy'n caru gwybodaeth, yn enwedig gwybodaeth fathemategol'. Gall gyfeirio at bob cangen o ddysg, ond i fathemateg y rhoddir y lle pwysicaf. Cyfeiria un hanesydd at 'the triumph of mathematics during the Enlightenment'. Mae disgrifiad Lewis Morris ohono'i hun yn cydnabod yr oruchafiaeth honno.

Gallai Lewis Morris gyfiawnhau'r teitl 'philomath' arno'i hun o ran ei weithgarwch ymarferol yn ogystal ag o

ran ei ddiddordeb cyffredinol yn y maes. Yr oedd diffiniad
y ddeunawfed ganrif o'r gair 'mathemateg' yn llawer mwy
eang na'n diffiniad ni. Cynhwysai 'mixed mathematics',
fel y'i gelwid weithiau, beirianneg, ffiseg, daearyddiaeth,
tirfesuraeth, horoleg, astronomeg, morwriaeth ac amddi-
ffynfeydd milwrol. O dan bennawd 'mathemateg gymysg',
felly, gellid cynnwys llawer iawn o'r gweithgareddau y bu
Lewis Morris yn ymwneud â hwy yn ystod ei oes, yn
enwedig goruchwylio a chynllunio mwynfeydd a mesur a
mapio tir a môr. I Lewis Morris, yr oedd gogwydd ymarferol
mathemateg yn hynod o bwysig. Mewn llythyr at Arglwydd
Powis, tua 1754, y mae'n trafod yn fanwl rai o broblemau
technegol mwyngloddio. Cyn dod at y materion hynny, y
mae'n pwysleisio bod angen profiad ymarferol yn ogystal
â gwybodaeth dechnegol i greu 'mwyngloddiwr perffaith':

> there is hardly a miner that is Literate, and few if any
> that have a tolerable notion of Natural philosophy &
> ye math. sciences requisite to make a perfect miner,
> and to be able to give a reason for what he doth, on the
> other side few of the persons that have those qualifi-
> cations of ye Theory know any thing of ye practice
> which is ye reason that this Art of mineing is so little
> known in Britain.

Ni chafodd Lewis Morris hyfforddiant prifysgol ym
maes mathemateg. Yn y llythyr at Samuel Pegge y dyfyn-
nwyd ohono eisoes, y mae'n pwysleisio mai gŵr hunan-
addysgedig ydyw: 'what little stock of knowledge I have
attained to, was in a manner by dint of nature'. Er hynny,
drwy brofiad a diddordeb, gellir ystyried Lewis Morris, yn
ei gyfnod, yn un a enillai ei fara ym maes mathemateg
gymhwysol, ymarferol. I'r graddau hynny, gellir ei ystyried
yn fathemategydd proffesiynol, ac yn fathcmategydd
arloesol hefyd yn ei ymwneud â mwyngloddio a mapio.

Yr oedd meysydd dysg yn dal yn agored iawn i wŷr amatur yn y ddeunawfed ganrif. Yn wir, ffurfiolwyd cyfraniad amaturiaid drwy eu hymwneud â'r cymdeithasau dysg, a oedd yn cynnwys o'u mewn ysgolheigion prifysgol yn ogystal â gwŷr hunanaddysgedig. Cyfundrefnwyd dysg, ar gyfandir Ewrop yn ogystal ag ym Mhrydain, drwy'r rhain yn ogystal â thrwy'r prifysgolion. Pan sefydlwyd Cymdeithas y Cymmrodorion yn Llundain ym 1751, a Lewis Morris yn llunio rhaglen ar ei chyfer gyda'r diben o hyrwyddo ymchwil a gwybodaeth ym maes hynafiaethau, iaith a llenyddiaeth Cymru, yr oedd dysg Gymraeg yn dod yn rhan o batrwm Ewropeaidd mewn ysgolheictod. Yr oedd yr aelodau'n ymwybodol o hynny, fel y dengys un o sylwadau Lewis Morris: 'the Cymmrodorion who talk of publishing some Memoirs in the nature of those of the Royal Academy of Sciences at Paris'.

O ran cysylltiad Lewis Morris â chymdeithasau dysg, mae'n ddiddorol sylwi bod sôn wedi bod ar un adeg ymhlith ei gyfeillion am gynnig ei enw yn aelod o'r Gymdeithas Frenhinol ei hun. Ddiwedd Mawrth, 1747, ceir William Morris yn holi Richard ynghylch y bwriad: 'Aie mae'n eich bryd efo'r hen ustus Pabo daro F.R.S. wrth enw Llewelyn? Mi glywais ryw son am hynny'. Erbyn mis Gorffennaf y flwyddyn ddilynol, fodd bynnag, ymddengys na ddaethai dim o'r cynllun, gan fod William yn holi eto: 'Nid yw'r brawd Llewelyn yn son dim am yr R.S. yn ddiweddar yma. Pa beth a ddaw or tair llythyren debygwch chwi?' Aflwyddiannus ai peidio, mae'r bwriad ynddo'i hun yn enghraifft o barch mawr ei gyfoedion at Lewis Morris fel gŵr o ddysg, parch y mae digon o dystiolaeth iddo ymhell y tu hwnt i lythyrau ei frodyr teyrngar.

Tueddwyd i ystyried Lewis Morris gan ysgolheigion diweddar yng ngoleuni ei ymwneud â'r mudiad hynafiaethol, ond mewn gwirionedd, yn ei olwg ef ei hun ac yng ngolwg ei gyfoedion, yr oedd yn gymaint o wyddonydd ag ydoedd o hynafiaethydd. Ym maes mapio a thirfesuraeth

17 Wyneb-ddalen Plans of Harbours, Bars, Bays and Roads in St. George's Channel (1748).

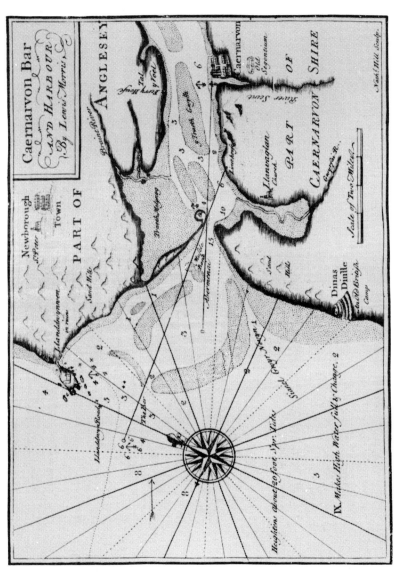

18 Map o Harbwr Caernarfon gan Lewis Morris.

y gwnaeth Lewis Morris ei gyfraniad pwysig ym myd 'mathemateg'. Yn ddyn ifanc, cyflogwyd ef gan Owen Meyrick i wneud arolwg o holl diroedd stad Bodorgan. Cydiodd y syniad ynddo y dylid mynd ati i wneud map cyffredinol o arfordir Cymru, ynghyd â mapiau o'r porthladdoedd, gan fod y siartiau a oedd ar gael ar y pryd yn beryglus o ddiffygiol. Bu Lewis Morris wrth y gwaith am ddeng mlynedd. Ym 1748, cyhoeddwyd *Plans of Harbours, Bars, Bays and Roads in St George's Channel*, yn cynnwys cynlluniau porthladdoedd o Benygogarth yn y gogledd hyd at Ddinbych-y-pysgod yn y de.

Yr oedd hwn yn waith gwreiddiol, yn waith o safon dechnegol uchel, ac ar ben hynny, yn waith arwrol. Hwn, meddai Lewis Morris, oedd yr unig waith o'i fath a oedd ar gael: 'this Performance may be esteemed the only one of the kind hitherto made public'. Aeth ati i gyflawni'r dasg mewn ffordd drylwyr ac ysgolheigaidd:

> The Exactness necessary in Operations of this kind, by Sea and Land, demands extraordinary Care and Application; the many Observations proper for determining justly the Situations and Positions of Places, and what regards the Tides, Soundings, &c, require the utmost Attention, and much Labour and Pains.

Codi o gysyniadau gwyddoniaeth 'oleuedig' y cyfnod y mae geiriau Lewis Morris yma. Tystia arbenigwyr ein cyfnod ni i arbenigrwydd y gamp a gyflawnwyd. 'His work on estate mapping in Anglesey and more particularly his survey of the coast of Wales from the Great Ormes Head in the north to Tenby in the south, give him a stature far above that of his contemporaries working elsewhere in Britain at the same time', meddai Dr. Adrian Robinson mewn rhagymadrodd i argraffiad o waith Lewis Morris a gyhoeddwyd ym 1985.

Brwdfrydedd ac ymroddiad Lewis Morris ei hun a ddaeth â'r gwaith llafurfawr i ben yn llwyddiannus. Llugoer fu

cefnogaeth yr awdurdodau i'r gwaith, er mor bwysig
ydoedd fel cyfraniad ymarferol i wybodaeth forwrol. Bu
Lewis Morris mewn brwydr gyson â'r awdurdodau i sicrhau
adnoddau ariannol i fynd ymlaen â'r gwaith, ond bu'n
rhaid iddo gwrdd â llawer o'r treuliau o'i boced ef ei hun.
Ar ben hyn, gorfu iddo adael y gwaith ar ei hanner am
gyfnod o dair blynedd pan ddilewyd y trefniant i'w rydd-
hau o'i waith yn swyddog tollau. Ailgydiodd yn y dasg ym
1742, wedi i Owen Meyrick berswadio Thomas Corbett i
eiriol ar ei ran gydag Arglwydd Gomisiynwyr y Morlys.
Twmpathog hefyd fu llwybr y cyhoeddi ac ni chafodd
gefnogaeth y Morlys i hynny tan 1748. Erbyn hynny, fodd
bynnag, yr oedd mwy o frwdfrydedd swyddogol o blaid y
cynllun, a phenderfynwyd cyhoeddi mapiau'r porthladd-
oedd yn ogystal â chyflawni'r bwriad gwreiddiol, sef
cyhoeddi'r map cyffredinol o'r arfordir.

Mae llythyrau Lewis Morris yn ystod y cyfnod hwn yn
dyst i'w ddygnwch yn wyneb anawsterau lu. Gosododd
dasg fawr iddo'i hun, ac yr oedd yn benderfynol o'i chyf-
lawni, er i hynny olygu traul sylweddol mewn arian ac
amser. I raddau helaeth, ymdreulio i fod o wasanaeth a
wnaeth Lewis Morris ac, yn hynny o beth, y mae ei
gymhelliad yn cyd-fynd ag un o ddyheadau sylfaenol
ysgolheigion ac ymchwilwyr gwyddonol y ddeunawfed
ganrif. Tystia Lewis Morris mai er lles cyffredinol y bu ei
lafur, 'which was done purely with a Design, that the
Whole might prove of greater Benefit and Advantage to the
Country, and to the Public in General'.

Tystia'r dyneiddwyr, hwythau, gan ddilyn patrymau
clasurol, mai er '[g]wneuthyr rhyw lês i'r iaith a'r wlad',
chwedl Morris Kyffin, y llafurient. Yr oedd gan Lewis
Morris, serch hynny, batrwm pwysicach a oedd yn nes ato
o ran cyfnod. Yn yr erthyglau cofiannol a ddisgrifiodd ef fel
'Memoirs of the Royal Academy of Sciences at Paris', hon
yw'r thema fawr. Perthynai i'r erthyglau hyn draddodiad
arbennig, traddodiad a sefydlwyd gan Fontenelle tua

diwedd yr ail ganrif ar bymtheg ac a ddatblygwyd ymhellach gan y Marquis de Condorcet yn y ganrif ddilynol. Pwysleisient fod ychwanegu at swm gwybodaeth wyddonol yn ddyletswydd foesol. Gŵr anhunanol oedd y gwyddonydd, gŵr a lafuriai er mwyn eraill yn hytrach nag er ei fwyn ei hun. Er bod gwybodaeth wyddonol, ynddi ei hun, i'w chasglu mewn modd gwrthrychol a diduedd, eto yr oedd cymhelliad moesol y tu ôl i'r ymdrech i ennill yr wybodaeth honno.

Gwedd ar berthynas fywiol Lewis Morris â syniadaeth ei gyfnod a welir yma. Wrth i ddarllenwyr yr oes hon synnu a rhyfeddu at faint ei lafur, ac at gatholigrwydd ac ehangder y meysydd yr ymddiddorai ynddynt, dylid cadw'r berthynas hanfodol hon mewn cof. Nid tan y bedwaredd ganrif ar bymtheg, mewn gwirionedd, y gosodwyd iaith a llên a hanes mewn un bocs, a gwyddorau'r byd naturiol mewn bocs arall. Etifeddu byd cynharach a wnaeth Lewis Morris, byd lle yr ystyrid dysg mewn ffordd gyfannol ac anarbenigol, byd a oedd, chwedl Immanuel Kant, yn 'cael ei oleuo' gan wybodaeth wrthrychol, newydd, a byd lle y gallai'r amatur yn ogystal â'r ysgolhaig proffesiynol gyfrannu at y dysgu a'r trafod. Ymatebodd Lewis Morris i'r byd hwn gyda deall ac egni ac ymroddiad anghyffredin.

DARLLEN PELLACH

Hugh Bevan, 'Lewis Morris', yn *Gwŷr Llên y Ddeunawfed Ganrif*, gol. Dyfnallt Morgan (Llandybïe, 1966).

J. H. Davies gol., *The Letters of Lewis, Richard, William and John Morris* (cyfrolau I a II, Aberystwyth, 1907, 1909).

A. R. Hall, *The Scientific Revolution 1500-1800* (Llundain, 1954).

Thomas L. Hankins, *Science and the Enlightenment* (Caer-grawnt, 1987).

Bedwyr Lewis Jones, 'Lewis Morris', yn *Gwŷr Môn* (Y Bala, 1979).

Tegwyn Jones, *Y Llew a'i Deulu* (Tal-y-bont, 1982).

Hugh Owen gol., *Additional Letters of the Morrises of Anglesey* (cyfrolau I a II, Llundain, 1947, 1949).

Hugh Owen gol., *The Life and Works of Lewis Morris* (Cymdeithas Hynafiaethwyr Môn, 1951).

Brynley F. Roberts, *Edward Lhuyd: The Making of a Scientist* (Caerdydd, 1980).

A. H. W. Robinson, 'Lewis Morris—an early Welsh hydrographer', *Trafodion Cymdeithas Hynafiaethwyr Môn* (1968).

GWAEDOLIAETH LENYDDOL DAI A SHONI

Hywel Teifi Edwards

. . . Nawdd Iôn fo iti, Shoni,
Gwron wyt o'm gwerin i.

Trefin

Wrth ysgrifennu yn yr *Observer*, 1 Mai 1994, am fersiwn ffilm o nofel Emile Zola, *Germinal* (1885), mynnai'r beirniad, Philip French, mai o'r nofel honno y tarddodd 'the incidents and themes that inform all subsequent treatments of mining life in literature and the arts—the harsh work; the constant danger from fire, gas, collapsing tunnels; the miner as a potential agent of political change through mutual dependency in the pit being translated into solidarity above ground; the exploitation, degradation, class conflict and strikes; the sense of a world that is neither rural nor urban; a community of brutalised men cut off from their sensitive womenfolk.' I French, D. H. Lawrence yn anad neb yw cyfarwydd tywyll y wlad a'r hen drefn a fathrwyd gan y diwydiant glo, tro bod A. J. Cronin a Richard Llewellyn wedi dangos sut i bedlera golygwedd dirionach, fwy sentimental-boblogaidd i fywyd y glöwr. Fe'i dyrchafwyd yn arwr gwerin, yn ymgorfforiad o orffennol epig ac, ym marn French, yn nhermau ddoe y glöwr y mae'r gwneuthurwyr ffilm diweddar yn bennaf wedi ceisio ei bortreadu: 'They no doubt find political struggles of earlier eras easier to handle, and they prefer pipe-puffing, chapel-going workers dressed in caps and mufflers, their hearts full of socialist hope, a choral song on their lips, to the miners of today.'

Yn grwt fe âi French i dreulio gwyliau'r haf yn West Riding gyda theulu ei fam fedydd ac âi i gwrdd â'i thad ar ei ffordd adref o'r pwll. Fe'i haddolai yn ei ddüwch yn rhinwedd gwrhydri ei lafur ac er iddo, ymhen blynyddoedd, ddysgu am slafdod y pwll glo, 'yet a certain romantic attachment remained, and still does for me, an idealisation of the collier as the aristocrat of the working class.' Petai'n medru'r Gymraeg byddai darllen 'Awdl Foliant Y Glöwr' gan Tilsi ym 1950 a gweld *David*, y portread ffilm o Amanwy, brawd James Griffiths, A.S., a roes y glöwr da, dewr, dioddefus, diwylliedig a duwiol gerbron cynulleidfa

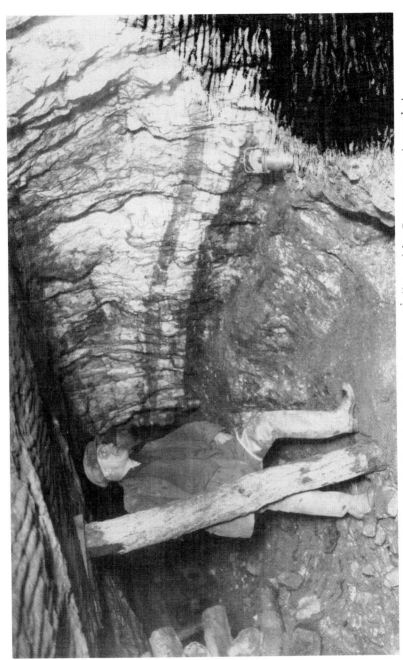

19 'Rhyngom a'r glöwr bron heb ffael y mae seloffen gofal y Gymraeg am ei enw da.'

enfawr Gŵyl Prydain ym 1951, yn ddigon i'w argyhoeddi bod y Gymraeg wedi bathu ei glöwr arwrol hi ei hun heb arno staen na chraith glowyr egr Zola a Lawrence. A phetai am olrhain ei ach, fe'i câi ei hun yn dilyn y trywydd yn ôl i'r 1850au, i'r cyfnod wedi cyhoeddi Llyfrau Gleision 1847, pan aed ati i adeiladu 'Cymru lân' ar sail rhagoriaeth foesol gwerin gwlad.

Ni fyddai French yn hir cyn sylweddoli nad oedd y glöwr Cymraeg gwneuthuredig i'w weld yn undebwr ymosodol nac yn weithiwr hawdd i'w fwystfileiddio gan ofynion ciaidd diwydiant. I'r gwrthwyneb, câi weld mai un hawdd teimlo drosto yn rhinwedd ei fywyd hunanaberthol y bwriadwyd iddo fod, un â'i le yn y galon yn ddiogel am fod ei barch at drefn ac anghenion cymdeithas ac aelwyd yn cyfrif mwy yn ei olwg na'i hunan-les. Cymwynaswr ac ymgeleddwr sy'n haeddu ei barchu'n fwy yw'r glöwr Cymraeg diledryw o'r cychwyn. Un i dynnu dagrau cyd-ymdeimlad a diolchgarwch i lygaid yw Dai/Shoni.

Rhwng 1850 a 1950 bodlonodd y Gymraeg ar greu ystrydeb o arwr diwydiannol sydd yn ei hanfod yn ffigur pathetig oherwydd fod ei apêl wedi ei hanelu at y galon a'r sentimentau gwâr yr oedd gan Oes Victoria gymaint o ffydd yn eu gallu i dirioni a llesoli pan gaent eu cyffroi. Ar sail y ffydd honno, fe'i caethiwyd mewn fformiwla lenyddol a'i cadwodd yn ei le am y rhan orau o ganrif ac a gadwodd ddarllenwyr yr ychydig lenyddiaeth a ysgrifennwyd amdano o hyd braich i realiti ei fywyd. Nid oes gan y Gymraeg fawr ddim i'w gynnig i'r sawl a fynnai fod yng nghwmni glowyr yn y ffas a'u clywed yn arfer iaith pwll wrth drafod eu byd a'u pethau. Rhyngom a'r glöwr bron heb ffael y mae seloffen gofal y Gymraeg am ei enw da, am ei ddefnyddioldeb emblematig.

Dechreuwyd llunio ei ddelwedd lenyddol mewn difrif gan Ieuan Gwynedd, prif amddiffynnwr y Gymru a enllibwyd gan y Llyfrau Gleision ym 1847. Ar ei wely angau ym 1852 cyfansoddodd 'Glo', cerdd nad yw ond 'pastiche' o

gerdd brotest enwog Thomas Hood, 'The Song of the
Shirt'. Cynhyrfwyd Hood pan ddarllenodd yn y *Times* ym
mis Tachwedd, 1843, am drueni gwniadyddes a chanddi
ddau o blant i'w magu. Fe'i dygwyd gerbron llys barn a'i
chosbi am bonio tipyn o eiddo ei chyflogwr er i'r llys
glywed na allai ennill mwy na saith swllt mewn wythnos
pe gweithiai bedair awr ar ddeg bob dydd. Yr oedd grym
apêl protest Hood at y sentimentau gwâr yn ddiwrthdro.
Gwnaed drama ohoni ac fe'i cyfieithwyd i'r Almaeneg a'r
Eidaleg, Ffrangeg a Rwsieg a'r Gymraeg. Anelodd Hood at
galonnau ei ddarllenwyr, gan alw mor daer yn enw
dynoldeb am gydymdeimlad a chyfiawnder nes i'w gerdd
ennill statws 'one of the genuine songs of the people, an
inspired cry from Hoods's heart made their own by the
sweated and exploited who had no voice to protest against
monstrous injustice'.

Nid yw 'pastiche' Ieuan Gwynedd i'w chymharu â 'The
Song of the Shirt' fel darn o farddoniaeth bolemig, ond ei
fwriad sy'n bwysig. Yn weinidog yr efengyl yng Ngwent
gwyddai am slafdod beunyddiol y glöwr ac fel amddiffynnwr
enw da ei genedl gwyddai am ddirmyg adroddiadau gweis-
ion y llywodraeth, megis Seymour Tremenheere a Jelinger
C. Symons, at ei ffordd o fyw. Rhoes eiriau i'w löwr i ateb
ei gollfarnwyr a'i gyflogwyr fel ei gilydd. Ni faliai neb ei
fod yn 'prysur wywo' wrth ateb y galw di-baid am lo,
'Trwy gorff y flwyddyn hir'. Disgwylid iddo wynebu
peryglon nwy a thanchwa 'Heb neb yn dangos gofal dwys/
Am fywyd glöwr du!' Onid oedd yntau'n ddyn i'w brisio?

> Glo, glo, glo!
>   Er pob dychrynllyd ffawd,
> Ac er mai cymysgedig yw
>   A dynol waed a chnawd:
> Glo, glo, glo!
>   Fel pe na bawn yn frawd;
> Ac eto'r Duw a'ch creodd chwi
>   Yw Tad y glöwr tlawd.

Ar ei wely angau gwelodd Ieuan Gwynedd mai gras Duw ar waith mewn dynion a sicrhâi degwch byd i'r gweithiwr diwydiannol. Trwy'r gras hwnnw y gwelai'r glöwr a'r perchennog eu hunain yn frodyr i'w gilydd a throsedd yn erbyn y Crëwr a gwerthoedd Crist oedd gormes cyfalafiaeth. I Dduw ac nid i unrhyw Undeb y byddai'n rhaid ateb am drin gweithiwr fel pe na bai'n frawd:

> Glo, glo, glo!
>   Os felly gloddiaf fi,
> Glo, glo, glo,
>   Fydd ar eich elw chwi:
> Ni ddaw dialedd gwaed,
>   I ddifa dim o'ch hedd,
> Am wneud i mi, wrth dori glo,
>   Ar unwaith dori'm bedd.

Nid oedd raid i'r glöwr gorthrymedig ond cofio bod Dydd y Farn i ddod a gadael i Dduw ddial ei gam. Os oedd y meistri yn ddiogel o gyrraedd 'dialedd gwaed' yn y byd hwn, byddai Duw yn disgwyl amdanynt a phwy na chydymdeimlai â doluriau glöwr a adawai i Dduw dalu i bawb yn ei bryd yn ôl ei haeddiant.

Fe ategwyd apêl foesol, Gristnogol Ieuan Gwynedd gan ddwy gerdd yn yr un cywair a gyfansoddwyd gan y ddau fardd mwyaf poblogaidd eu cân yn Oes Victoria, sef Ceiriog a Mynyddog. Dau wladwr oeddynt heb ddim profiad uniongyrchol o fywyd glöwr. Canodd Mynyddog am 'Pris y Glo' er mwyn sicrhau ei ddarllenwyr yn deimladwy fod ei ofal am werth bywydau. Disgrifiodd Ceiriog y dychrynfeydd tanddaearol a'r dihidrwydd a adawai 'Y Glöwr' i'w hwynebu mor ddiymgeledd. Cyfansoddodd ei gerdd yn sgil y danchwa erchyll a laddodd 114 o ddynion a bechgyn yn Hen Bwll y Cymer yn y Rhondda yng Ngorffennaf, 1856. Cafwyd y perchennog a'i swyddogion yn ddieuog o esgeulustod troseddol ac y mae blas chwerwedd yr ymateb i'r ymchwiliad ar eiriau Ceiriog:

20 Y colier: 'Gwron wyt o'm gwerin i.'

> . . . O! Arglwydd, pa hyd
> Bydd tlodion ein byd
> Fel ychain yn lladdfa eu meistriaid.

Dylai'r ffermwr gofio bod y glöwr yn frawd iddo cyn gofyn crocbris am ei gynnyrch yn y farchnad, a dylai 'mawrion y byd' wrth eistedd 'O amgylch eich tân i fyfyrio' ystyried weithiau 'Mor "ddrud" ydyw'r glo/I'r hwn roddo'i "fywyd" am dano.' Amharodrwydd rhai o'u bath hwy i weld Duw mewn cyd-ddyn oedd y drwg:

> Ond bywyd rhy rad
> Yng ngolwg ein gwlad
> Yw bywyd anfarwol y glowyr:
> Gwyn fyd na bai'r byw
> Yn edrych ar Dduw
> Yn *nynion* 'r un fath ag yn natur.

Tristâi Ceiriog wrth feddwl am ddioddefaint y glöwr a'i deulu, ond nid oedd sôn am Undeb na streic fel dulliau ymwared. Dychmygodd ei fod yn clywed llais distaw a phrudd yn esgyn 'o'r ddaear at fyddar ddynoliaeth' gan ymbil am gyfrannu:

> . . . i'n mysg
> Wybodaeth a dysg
> Am natur a Duw yn helaethach.

Fe gâi glöwr Ceiriog ateb i'w angen nid mewn maniffesto ond mewn gweddi:

> I'r byd mae fy nghân,
> Gwyn fyd na b'ai tân
> Yn enyn y geiriau sydd ynddi—
> Ond ofer yw cri,
> O! ddyn, atat ti!
> I'r nefoedd drugarog mae'm *gweddi*.

21 'Caner, a rhodder iddo—glod dibrin
    Y werin a'i caro;'

Mae'r llenyddiaeth (barddoniaeth gan mwyaf) a gyfan-
soddwyd yn y Gymraeg am y glöwr i lawr hyd at ganol y
ganrif hon yn dwyn stamp ysbryd cerddi Ieuan Gwynedd a
Ceiriog. Ysbryd gweddi a'r apêl foesol, cynhesrwydd
cydymdeimlad ac edmygedd sy'n penderfynu teithi'r llen-
yddiaeth honno y mae'r glöwr ynddi'n hawlio ei le droeon
a thro yn ddioddefydd gwrol, yn weithiwr hanfodol ddaionus
a chymdeithasgar a ffraeth ar drugaredd trefn fasnachol,
farus. Y mae'n rheol ei fod yn cael llawer llai o dda'r byd
hwn nag a ddylai gael yn rhinwedd ei ddaioni. Dyna'r
darlun enillgar, cyfarwydd na lwyddodd Sosialaeth i'w
dywyllu â'r un maniffesto, oherwydd yn ein canrif ni fe
ddaeth awduron megis J. J. Williams, Crwys, Wil Ifan,
Cennech, D. J. Williams, Islwyn Williams, T. Rowland
Hughes, Amanwy a Gwenallt i ddiogelu ei briodoleddau,
a chyflead Tilsli o'r union briodoleddau hynny, wrth
gwrs, a sicrhaodd boblogrwydd ei Awdl Foliant ym 1950.
O weld y glöwr yn ffrâm canfyddiad Cristnogol y beirdd a'r
llenorion hyn, fe'i gwelwn yn goncwerwr, yn 'berson
byw', chwedl Gwenallt, na all goruchwyliaeth y farchnad
mo'i ddifa wrth ei ddibrisio am fod ei werth wedi ei
warantu gan oruchwyliaeth uwch sy'n abl i'w godi

> . . . o waelod pwll i'r Nef
> Â rhaffau dur ei hen olwynion Ef.

Nid anodd fyddai dangos pa mor gyson fu awydd y
Gymraeg mewn capel ac eisteddfod, cylchgrawn a newydd-
iadur i ddiogelu buchedd ac ethos y glöwr da a gariai ar ei
gefn y fath lwyth o ddisgwyliadau. Byddai pregethwyr
weithiau yn manteisio ar drychinebau tanddaearol i bwys-
leisio cymaint gwell ei stad na'r colledig oedd y truan a
fuasai farw'n gapelwr crediniol. Testun diolch, yn wir,
oedd y pyllau hynny lle cynhelid cyrddau gweddi cyn
mynd i'r ffas—ac yr oedd hynny'n arfer mewn rhai ardal-
oedd glofaol cyn bod sôn am Ddiwygiad 1904-5, fel y

prawf, er enghraifft, hanesion am 'Dduwolion y Dyfnder-
oedd' yn *Cymru*, O. M. Edwards. Ac mor werthfawr oedd
tystiolaeth ambell sant o löwr diniwed a fuasai cyn ei
dröedigaeth yn oferddyn di-ras, megis Tom Stenner yr
oedd ei dduwiolfrydedd yn ddihareb ymhlith glowyr y
Cymer yn y Rhondda. Yr oedd hwnnw ar warthaf ei
bechod bob munud o'i oes os yw ei gyfaill, Tom Davies,
i'w goelio. Dyma un o'r perlau a gafodd hwnnw i'w trysori
ganddo:

> Tom, mi fuas i yn ridlo lluti [lludw] y bore ma, a
> g'wed y gwir wrthoch chi, mi etho i mewn i'r hen
> ridyll, ac mi ddisgwylas lan, ac mi wetas: 'Arglwydd,
> ridla fi'n dda.'

Meddyliwch am weithio dan ddaear wrth ymyl Stenner!
Yn y Gymraeg yr oedd rhyw foesolydd o hyd am ridlo'r
glöwr, druan. Ystyrier rhai enghreifftiau. Mewn erthygl
ddienw ar 'Bywyd Cyffredin y Glöwr' a ymddangosodd yn
Yr Adolygydd ym 1851 bwriadai'r awdur 'wrth ddilyn y
Glöwr drwy holl gysylltiadau ei fywyd gweithiol . . .
roddi ergyd marwol ar bob camdrefn, a llygredigaeth, a
chanmol pob peth sydd yn dda a rhinweddol'. Fel Ieuan
Gwynedd ychydig fisoedd yn ddiweddarach, yr oedd am
i'r glowyr 'gael mwy o sylw ac ystyriaeth cymdeithas o'i
rhwymau iddynt'. I haeddu sylw o'r fath, byddai gofyn
iddynt gymryd geiriau'r *Cronicl* ar derfyn Streic yr Haliers
ym 1893 o ddifrif:

> Y mae'r glowyr fel dosbarth yn awr yn drewi gan
> gwrw a myglys. Peidiwch a'm camddeall. Y mae
> genyf gyfeillion personol ym mysg y glowyr, ac nid
> oes dynion ffyddlonach, cynilach, sobrach, mwy
> deallgar i'w cael yng Nghymru, ond fel dosbarth
> mae'r glowyr ar ol yn druenus.

Yn *Y Dysgedydd*, ddwy flynedd yn ddiweddarach, y glöwr,
ym marn y Parchedig D. Roberts, oedd 'y llinyn arian, y

cawg aur, yr olwyn, a'r piser sydd yn rhaid gael gerllaw
ffynon pob masnach. Pe safai gydag ef, safai y cwbl'. Yn
rhinwedd natur ei waith yr oedd yn ddewrach na'r un
milwr ac yn gymwynaswr cymdeithasol amhrisiadwy.
Oherwydd fod cymaint a chynifer yn dibynnu arno, yr
oedd ansawdd ei fuchedd o'r pwys mwyaf:

> Nid ydyw anystyriaeth yn gweddu i neb, ond y mae
> gweled ymddygiad anystyriol mewn Glowr yn un o'r
> pethau mwyaf anghyfaddas a ellir ei ganfod. Glowr
> annuwiol ydyw un o'r pethau ffieiddiaf ellir weled, a
> Glowr duwiol, yn ofni yr Arglwydd, ydyw un o'r
> golygfeydd prydferthaf dan y nefoedd. Y mae amryw
> o honynt drwy drugaredd, a bydd eto lawer mwy,
> prysured y dyddiau.

Fe ddaliodd y Gymraeg ati i gyfarch y glöwr yn y modd
hwn o ddegad i ddegad. Daliodd i guro drwm yr apêl foesol
a'r siars Cristnogol er ei bod mor glir â'r dydd fod miloedd
ar filoedd o lowyr wedi rhoi eu ffydd yn yr efengyl sosial-
aidd, Saesneg a addawai hawliau iddynt yn y byd hwn heb
fynnu eu bod yn cerdded llwybrau cul gweddustra yn
ddiwyro. Trwy gydol yr ugain mlynedd y bu'n olygydd *Y*
Darian ni pheidiodd y Parchedig Tywi Jones â chefnogi
math o löwr Cymraeg digyfnewid heb amau, fe ymddengys,
fod hwnnw'n fwy o rith nag o realiti. Yr oedd yn ddigon
siŵr, nid yn unig o'i fodolaeth adeg Streic Fawr 1926, ond
o'r ffaith ei fod yn lleng, i'w annog i ennill y frwydr yn
erbyn y meistri trwy fod yn driw i'w dras gan ddisgwyl ei
weld 'eto dan faner y gweithiwr tlawd o Nasareth, ac yn
dibynnu ar y nerth sy'n dileu pob pendefigaeth ac awdurdod
a nerth—nerth ysbryd Duw a bywyd santaidd'. Nid oedd
ond eisiau distewi tonnau cynddeiriog y Streic:

> Fe lefarai Duw eto yn y distawrwydd hwnnw. Ped
> arhosai pob un yn ei dŷ, i feddwl, i fyfyrio ac i ddioddef
> yn dawel, os bydd raid, byddai buddugoliaeth yn sicr

22   David Davies, Llandinam (1818-90): brenin yr Ocean Coal Company.

. . . Fe darawai distawrwydd felly ddychryn i galonnau rhai a ddibynnant ar lu ac ar nerth . . . Cofier bod grym diniweidrwydd yn gryfach na grym arian.

I drwch mawr streicwyr 1926, byddai geiriau Tywi Jones yn ffwlbri pulpudaidd.

Erbyn hynny yr oedd delwedd lenyddol y glöwr wedi cyrraedd oedran yr addewid heb neb i amau na'i chymhwyster na'i pherthnasedd yn ei phriod iaith. Parhâi'n annatod glwm wrth rai digwyddiadau yn y 1870au a roesai iddi afael ryfeddol ar ddychymyg a serchiadau'r genedl. Yn y saithdegau y cododd seren Mabon fel arweinydd Undeb ac yn ei ymwneud â David Davies, Llandinam—brenin yr Ocean Coal Company—yn enwedig adeg Streic 1875 a esgorodd ar y 'Sliding Scale', sefydlwyd y math o berthynas 'egwyddorol' rhwng y glöwr a'r meistr a oedd mor gydnaws â gwerthoedd y Gymraeg. Yr oedd y ddau yn gynnyrch gwerin Cymru, Davies yn wladwr a wnaethai ffortiwn enfawr trwy fuddsoddi ei egnïon yn y rheilffordd cyn mentro i'r Rhondda i godi glo, a Mabon yn un o fechgyn Cwm Afan y galwodd ei gyd-lowyr ef i siarad drostynt yn y saithdegau gan mor apelgar oedd ei ddoniau. Yr oeddynt ill dau yn Rhyddfrydwyr ac yn Anghydffurfwyr ac er nad enillodd Davies Llandinam galon y genedl fel y gwnaethai David Williams (Alaw Goch) o'i flaen—yr oedd Alaw Goch yn barddoni ac yn eisteddfota'n hwyliog—yr oedd haelioni 'Davies yr Ocean' i ennill iddo glod a pharch fel cymwynaswr cenedlaethol di-ail. Pan fu farw ym 1890 ni alarodd neb yn fwy dwys ar ei ôl na'r *Goleuad*:

Yr ydym wedi colli y dyn rhyfeddaf ar lawer o gyfrifon ymddangosodd erioed yn ein gwlad . . . Ym marwolaeth Mr. Davies collasom ddyn a addurnid gan gyfuniad o nodweddion meddyliol ac ansoddau moesol na welir o bosibl mo'i gyffelyb am oesoedd i ddod.

Yr oedd y ffaith fod Mabon yn dderbyniol gan ŵr o'r fath
yn dweud mwy na digon am ragoriaeth y cyn-löwr a oedd
o 1877, pan symudodd i'r Rhondda, tan ei ddisodli fel
Llywydd y 'FED' ym 1912, i ofalu am fuddiannau glowyr
y De yn ogystal â'u cynrychioli yn y Senedd o 1885 tan
1920 fel Aelod dros y Rhondda. Ni allai'r Cymry, a oedd
mor ymwybodol o bwysigrwydd y glöwr fel gweithiwr a
allai wneud cymaint i gadarnhau neu sarnu enw da y
genedl, ddiolch gormod am wasanaeth Mabon. Yn breg-
ethwr lleyg ac eisteddfodwr, yn ganwr ac arweinydd côr ac
Undeb, yn Aelod Seneddol ac iddo ei le yn y Cyfrin Gyngor
ym 1911, yr oedd yn ymgorfforiad, megis 'Davies yr
Ocean' ac Alaw Goch, o rinweddau'r Cymro 'hunan-
wneuthuredig' nad oedd modd i'r Saeson bwyntio at ei
well ymhlith ei debyg yn Lloegr. Ac yr oedd holl agwedd yr
arweinydd Undeb carismataidd hwn at ei waith wedi ei
foldio gan ei argyhoeddiadau Cristnogol. Ceisiai bob
amser am gyfaddawd rhwng y meistri a'r gweithwyr, am
atebion a sicrhâi barch o bobtu, am gymedroldeb cyfrifol a
thegwch synhwyrol ac o'r foment y dechreuodd 'y genfaint
estron', chwedl Brynfab, ei herio adeg Streic yr Haliers ym
1893, hyd at ei farw ym 1922, ni pheidiodd y wasg yng
Nghymru â'i glodfori.

Troes y *Western Mail* ei farwolaeth yn gyfle i ladd ar y
Sosialwyr a'r Comiwnyddion yn y cymoedd a oedd wedi
ymwrthod â'r 'practices of clean trade unionism' a goleddai
Mabon, ac mewn cerdd gan un o'r enw 'Idris' mynnwyd
nad oedd ei ffyddlondeb i'r glowyr wedi ei wneud yn llai
teyrngar i Brydain Fawr:

> While true as steel to them, he stood
> A loyal Briton to the last.
> The slimy Bolshevistic snake
> Behind him he with loathing cast.

Ond stamp yr Ysgrythur, fel y gellid disgwyl, oedd ar
foliant y Gymraeg iddo wrth gydnabod ei fod yn undebwr

delfrydol ar gyfer 'Cymru lân, Cymru lonydd'. 'Hen Gymro o'r iawn ryw oedd Mabon', yn ôl *Y Darian*, 'ac yn enghraifft o'r glowr Cymreig ar ei oreu. Gwnaeth fwy na neb arall i gasglu'r glowyr ynghyd i fod yn un praidd ac yn un gorlan Cynghrair y Glowyr.' Ym marn *Y Brython*: 'Yr oedd yn enghraifft o'r glowr Cymreig ar ei oreu; yn llawn o dân a disgleirdeb y glo, ond heb ddim o'i lwch i faeddu neb.' A thystiodd *Y Goleuad* nad oedd modd claddu dylanwad Cristion o'r fath: 'Bydded i Dduw godi arweinwyr eto cyffelyb i Mabon i arwain gweithwyr glofaol Cymru yw cri llawer.' O'r 1870au ymlaen fe wnâi'r beirdd a'r llenorion eu gorau i helpu sylweddoli gobaith *Y Goleuad* trwy sicrhau mai glöwr Mabonaidd fyddai'r glöwr pur ei waed yn ein llenyddiaeth, un y byddai gafael crefydd arno yn gyson fendithiol.

Ac fel petai rhagluniaeth ei hun wedi paratoi'r llwyfan ar gyfer ei ymddangosiad, gorfodwyd y Saeson i gydnabod ei werth gan ddau ddigwyddiad tra dramatig yn ystod y saithdegau. Buddugoliaeth 'Côr Mawr' Caradog yn y Crystal Palace, 1872-3, oedd y naill a gwaredigaeth arwrol Pwll Tynewydd yn y Rhondda yn Ebrill, 1877, oedd y llall. Diolch i ffordd o fyw glowyr y De bu'n rhaid i'r wasg Lundeinig, hyd yn oed, glodfori eu rhagoriaethau, ac i bob pwrpas bu'n rhaid delweddu'r glöwr o'r saithdegau ymlaen yn arwr gwaredigol, capelgar a cherddgar.

Diolch i ddyfodiad y Tonic Sol-ffa, y Gymanfa Ganu a'r Eisteddfod Genedlaethol a roes lwyfan i'r brwdfrydedd cerddorol a ymdaenodd drwy'r wlad yn ystod y chwedegau, yr oedd Cymru erbyn y saithdegau yn ymffrostio mai hi oedd 'Gwlad y Gân', ac yn fwy na pharod i'w chân, yn arbennig cân ei chorau, dystio dros ei haeddiant. Ac yng nghymoedd glofaol y De y cododd y corau mawr a'i gwnaeth hi'n bosibl i'r Cymry ymroi i 'ganu'r byd i'w le'. Gweithwyr diwydiannol Merthyr, Dowlais, Aberdâr a Chwm Tawe—y glowyr a'u teuluoedd yn anad neb—oedd aelodau'r corau mawr cyntaf i syfrdanu'r wlad wrth ganu corawdau Bach a Beethoven, Handel a Mendelssohn ag angerdd crefyddol anghyffredin, ac yr oedd ugeiniau ohonynt yn 'Y Côr Mawr' a aeth i'r Crystal Palace yn haf 1872, i gystadlu am y Cwpan gwerth mil o bunnau mewn cystadleuaeth 'agored i'r byd'. Ni ddaeth côr arall i'w gwrthwynebu ym 1872 ond yr oedd eu teilyngdod y tu hwnt i bob amheuaeth. Yn haf 1873, daeth Côr Cymdeithas Tonic Sol-ffa Llundain i'w gwrthwynebu dan arweiniad (Syr) Joseph Proudman, a threchwyd y Saeson yn llwyr.

Gorlifodd cwpan llawenydd y Cymry. Yr oedd 'Y Côr Mawr', dan arweiniad gŵr a fuasai am gyfnod yn gweithio fel gof dan ddaear, wedi profi gwerth y genedl yn y Crystal Palace, y deml honno a gawsai ei chodi yn un swydd gan (Syr) Joseph Paxton ar gyfer yr Arddangosfa Fawr a daenodd ogoniant yr Ymerodraeth Brydeinig gerbron y byd ym 1851. Yr oedd rhan y glöwr yn y gân yr honnodd Ieuan Gwyllt a'i gyd-gerddorion iddi wared y famwlad o'i dinodedd ym 1872-3, i'w gwneud hi'n anodd iawn i'w bortreadu ar ôl hynny heb ei gôr yn y cefndir, ac aeth yn anos fyth wedi i Gôr Meibion y Rhondda ddychwelyd yn goncwerwyr o Eisteddfod Ffair y Byd yn Chicago ym 1893 a derbyn gwŷs frenhinol i ganu gerbron Victoria ym 1898. I ymgeleddwyr enw da Cymru, beth a allai fod yn fwy priodol na bod Mabon, y tenor o arweinydd a allai droi eisteddfod afreolus yn gymanfa ganu ar amrantiad trwy ledio emyn, yn arwain glowyr yr oedd eu delwedd ar ôl 1873 i fynnu eu bod yn gantorion dyrchafol.

Pum mlynedd ar ôl i gân 'Y Côr Mawr' yn y Crystal Palace wefreiddio'r genedl, cyflawnwyd camp arwrol yn nyfnderoedd Pwll Tynewydd yn y Rhondda a hoeliodd sylw Victoria, y Senedd, y wasg Lundeinig a'r *New York Herald*. Yn holl hanes epig maes glo y De y mae i waredig-. aeth Pwll Tynewydd le ysblennydd iddi ei hun. Ar 11 Ebrill 1877 torrodd dŵr i mewn i'r pwll o hen waith y Cymer a daliwyd dau grŵp o bump mewn pocedi o aer cywasgedig a'u cadwai rhag boddi. Yn un o'r pocedi daliwyd Thomas

Morgan a'i ddau fab, William a Richard, ynghyd ag Edward
Williams a'i bartner, William Casia. Gan feddwl ei bod ar
ben arnynt aeth Edward Williams i weddi cyn iddynt
ymroi i ganu pennill Dafydd William, Llandeilo Fach—
'Yn y dyfroedd mawr a'r tonnau . . .' Fe'u clywyd gan
fintai fechan o achubwyr a dorrodd drwy 36 troedfedd o lo
i gael atynt erbyn bore trannoeth. Yn ei orawydd i ddianc
sugnwyd William Morgan i'r twll ymwared gan ruthr yr
aer, a thorrodd ei wddf. Yr oedd yn wyth ar hugain oed ac
yn un o aelodau'r 'Côr Mawr'.

Yn y boced arall daliwyd David Jenkins, Moses Powell,
George Jenkins, John Thomas a David Hughes, crwtyn
pedair ar ddeg oed. Heb ddim i'w cynnal ond pedwar dwsin
o ganhwyllau rhoesant hwythau eu ffydd mewn gweddi ac
emyn. Ar brynhawn Llun, 16 Ebrill, dechreuodd un ar
bymtheg o gewri'r mandrel, pedwar ym mhob tîm yn
gweithio teirawr ar y tro, dorri twnel drwy 114 troedfedd
o lo, gan wybod y byddai eu bywydau trwy gydol yr amser
ar drugaredd llif, nwy a ffrwydriad. Aeth sôn am 'The
Charge of the Rhondda Brigade' trwy Brydain. Ar 19 Ebrill
clywsant lais George Jenkins ac ymroesant yn daerach
fyth: 'The place was full of steam arising from the heated
backs of the gallant workmen . . . the clicks of the picks
sounded like hail beating on glass.' Ar 20 Ebrill, er gwaethaf
y peryglon enbyd, yr oeddynt yn barod i dorri trwodd at y
trueiniaid a gwirfoddolodd pump i orffen y dasg. Y tri
glöwr oedd Isaac Pride, 'Abby' Dodd a Gwilym Thomas, a
mynnodd Pride wynebu'r perygl eithaf ei hunan. Torrodd
drwodd a chadwodd ei einioes. Gwaredwyd y pump ac yr
oedd enw Pwll Tynewydd i fod yn gyfystyr â rhagoriaeth y
glöwr Cymraeg o 1877 ymlaen.

Dyrchafwyd ei glod gan y *Times* a'r *Daily Telegraph*;
portreadwyd ei wrhydri gan yr *Illustrated London News*
a'r *Graphic*; rhyfeddodd y *New York Herald* ac ymorch-
estodd y wasg yng Nghymru. Anfonodd Victoria ei ffoto-
graffydd i dynnu lluniau'r achubedig ac agorodd Arglwydd

The hole of
Commun Cation with
the imprisoned men
2½ ft only at entrance & once to bay

23   Portread yr *Illustrated London News* o waredigaeth Pwll Tynewydd, Ebrill 1877.

Faer Llundain a'r *Daily Telegraph* gronfeydd i swcro a gwobrwyo'r actorion yn nrama fawr Tynewydd. Dangosodd Victoria ei hedmygedd o'r arwyr trwy benderfynu eu bod i dderbyn Medalau Albert—y tro cyntaf i'r Fedal honno gael ei rhoi am arbed bywyd ar dir—ac ar 4 Awst 1877 gorymdeithiodd 40,000 o bobl trwy Bontypridd at y Garreg Siglo ar y comin i weld Arglwydd Faer Llundain yn gwrogaethu i'r gwroniaid ac Arglwydd Aberdâr, yn enw'r Frenhines, yn rhoi ei Fedal Albert i bob un o'r pedwar achubwr ar hugain a oedd i'w derbyn. Ni fu'r fath ddathlu na chynt na chwedyn yn holl hanes y diwydiant glo yng Nghymru.

Byddai cofio glewder 'humble men' Tynewydd, yn ôl y *Daily Telegraph*, yn siŵr o arafu llid collfarnwyr y glowyr yn y dyfodol 'and, so remembering, will confess that diamonds may be rough, and yet be diamonds all the same'. Clodforodd y *Times* 'an intense exercise of self-devotion, patience and deliberate courage—a concentration, as it were, of qualities which could only be acquired by the habitual exercise of these qualities in every day life, and perhaps their cultivation through many generations.' Geiriodd y *Daily News* ei glod yn ei ffordd wreiddiol ei hun: 'Happily it has been proved in this case, as in so many before it, that English workmen do not regard their own safety when they are working for the rescue of their fellows.'

Fe ofalai'r wasg Gymraeg, fodd bynnag, na châi neb anghofio mai Cymry oedd glowyr Tynewydd, cedyrn o'r un ach â glewion 'Y Côr Mawr'. Dan y pennawd, 'Dim ond Colliers', edliwiodd *Yr Herald Cymraeg* i'r Saeson eu dirmyg at y Cymry, gan ddal bod y 'brawny giants' a gablwyd adeg Streic 1875 wedi profi eu gwroldeb mewn modd na allai milwyr yr un wlad ragori arno: 'Nid mewn diystyrwch y defnyddia neb byth mwyach yr hen ymadrodd goganus: "Dim ond Collier".' Sarhad ar lowyr Tynewydd oedd dweud, fel y gwnaeth un papur Saesneg, mai rhai

tebyg iddynt hwy oedd asgwrn cefn y Fyddin Brydeinig:
'Nage ddim. Ysgymyndod ein cenedl, neu ychydig o'n
bechgyn goreu wedi digwydd troseddu ar reolau'r capel, yr
eglwys, neu'r aelwyd, sydd yn ymrestru i'r fyddin, ond nid
dewrion fel glowyr Gwent a Morganwg a chwarelwyr
Meirion ac Arfon.' Dyna'n union, hefyd, oedd barn Henry
Richard, A.S., pan fu'n annerch cynulleidfa fawr yn y
Cyngerdd Dathlu a drefnodd Brinley Richards yn y Crystal
Palace ar 6 Mehefin 1877. Gwroldeb i arbed bywyd, nid
i'w ddifa, a welwyd yn ei holl ogoniant yn Nhynewydd.

Ond, yn anad dim, pwysleisiodd y wasg Gymraeg y
brawdgarwch Cristnogol a'r ffydd yn Nuw a sicrhaodd
waredigaeth Pwll Tynewydd. Duwioldeb a gariodd y dydd
—dyna'r newyddion da a gyhoeddwyd o bulpudau yng
Nghymru a Lloegr wedi 'atgyfodiad' y pump. Ysgrifennodd
David Jenkins a Moses Powell hanes eu gwaredigaeth,
Bywyd o Feirw, er clod i Dduw a phan adroddwyd hanes
'Ten Days Buried in a Coal-Pit' yn y cylchgrawn teuluol
tra derbyniol hwnnw, *The Sunday at Home*, rhoddwyd
sylw arbennig i'r canu emynau: 'We have read of "Songs
on the sea" and "Songs in the night"; but here were songs
in the deep—songs in the prison-house of the dark pit. It
must have required some energy of soul to sing under such
circumstances.' Ni allasai'r *Sunday at Home* wneud dim
a roesai fwy o foddhad i'r Cymry na mawrhau 'energy of
soul' glowyr Tynewydd. O bob nodwedd arnynt, dyna'r
werthfawrocaf yng ngolwg adferwyr y genedl a rhaid eu
bod hwy wedi eu plesio yn fawr pan ddosbarthodd Y Feibl
Gymdeithas gopïau o'r Beibl wedi eu llofnodi gan yr
Arglwydd Shaftesbury ymhlith y dewrion ar 4 Awst 1877.

Ymgorfforodd Joseph Parry 'emyn y glowyr', 'Yn y
dyfroedd mawr a'r tonnau . . .' yn yr anthem, 'Molwch yr
Arglwydd', a gyfansoddodd i ddiolch i Dduw am y waredig
aeth, ac yn ei *Atgofion* dywedodd y Parchedig H. T. Job i'r
anthem honno gael ei dyblu hyd at un ar bymtheg o
weithiau yng Nghymanfa Ganu Undebol yr Annibynwyr

dan arweiniad Tanymarian yng nghapel Carmel, Treher-
bert, ar 1 Mai 1877. Daliai'r gynulleidfa i ganu er bod yr
arweinydd wedi suddo i'w gadair yn foddfa o ddagrau a neb
llai na Caradog yn cerdded yn ôl a blaen ar yr oriel fel dyn
o'i bwyll! Canwyd yr anthem drachefn yn y Crystal Palace
ar 6 Mehefin 1877 a sêr 'Gwlad y Gân' ar y llwyfan. Yn eu
plith yr oedd Gwilym Thomas, partner Isaac Pride ac
'Abby' Dodd', fel petai rhagluniaeth eto wedi trefnu y
byddai un o achubwyr Tynewydd yn fariton nerthol a
wnâi i ddelwedd y glöwr Cymraeg cerddgar lathru ledled
Prydain wrth i'r 'Gallant Rescuer' fynd ar daith gyngherdda
a barodd am y rhan orau o flwyddyn. Yr oedd Gwilym
Thomas i ennill y wobr gyntaf yng nghystadleuaeth yr
unawd i fariton yn yr Eisteddfod Genedlaethol chwech o
weithiau, y tro olaf yn Abertawe ym 1907. Ef oedd unawd-
ydd Côr Meibion y Rhondda pan ddatganwyd 'Pererinion'
Joseph Parry yn Eisteddfod Ffair y Byd ym 1893, ac yn y
Gymanfa Ganu gyntaf i'w chynnal yn yr Eisteddfod
Genedlaethol yn Aberystwyth ym 1916, ef a ddewiswyd
gan yr Athro David Evans i ganu'r unawd yn anthem John
Ambrose Lloyd, 'Teyrnasoedd y Ddaear'. Yr oedd yn 73
oed erbyn hynny ac yn dal i fod yn 'Gallant Rescuer'. I
ddelweddwyr y glöwr o'r 1870au ymlaen yr oedd Gwilym
Thomas megis rhodd oddi uchod y bu'n dda gan Dduw ei
datguddio yn nyfnder enbydrwydd pwll glo yn y Rhondda.
    Yr oedd ymddygiad cymodlon Mabon fel arweinydd
glowyr y De ynghyd â buddugoliaethau'r 'Côr Mawr' ac
arwriaeth Tynewydd i gadw lle diogel i'r glöwr da yn ein
llenyddiaeth am hir amser. Dwysawyd y wedd bathetig ar
ei fywyd gan ddirwasgiad erchyll a ddarostyngodd gymoedd
y De cyn diwedd 1877, gan wneud i ambell fardd ddannod
i gyhoedd di-hid mai byr iawn oedd eu cof am ddewrion
Tynewydd. Ac yna, ar 13 Medi 1898, lladdwyd 268 o lowyr
gan danchwa ym Mhwll y Prince of Wales yn Aber-carn. Er
mwyn diffodd y tanau, bu'n rhaid boddi'r pwll trwy ddar-
gyfeirio Camlas Mynwy a gadael ugeiniau o gyrff heb eu

24 Trychineb Glofa'r Universal yn Senghennydd yn Hydref 1913: collwyd 439 o lowyr.

claddu. Arswydwyd y cyhoedd ac unwaith eto cododd Arglwydd Faer Llundain gronfa i swcro'r gymdeithas ddrylliedig. Fodd bynnag, yng nghanol y trallod yr oedd i olygydd *Y Tyst* gysur mewn un ffaith:

Mae yn llawen genym ddeall y rhoddir gair da i lawer o'r rhai a gymerwyd ymaith fel dynion rhinweddol a chrefyddol; a dywedir fod pump o bob chwech o honynt yn arfer cyrchu i ryw le o addoliad. Dywedai un o arolygwyr y gwaith glo, 'Bydd ein capel ni y Sabboth nesaf heb haner yr aelodau ynddo, a'r ysgol heb haner y bechgyn'; a diau genym mai Sabboth i'w gofio yn Abercarn a'r amgylchoedd fydd y Sabboth ddiweddaf.

Yr oedd gorchestion a doluriau'r 1870au i fathu teip o löwr Cymraeg teilwng y gellir dilyn ei gamre yn ein llên (fesul cerdd, stori a drama) i lawr hyd at Awdl Foliant Tilsli iddo ym 1950. O awdl Carnelian 'Y Glowr', ym 1896, trwy ddrama Beriah Gwynfe Evans, *Ystori'r Streic* ym 1904 a drama John Davies (Pen Dar), *Pai Johnny Bach* ym 1914, ymlaen trwy ganeuon Crwys, Wil Ifan a Cennech, cywydd buddugol Trefin yn Eisteddfod Genedlaethol Treorci ym 1928, a dwy gyfrol boblogaidd iawn J. J. Williams, *Straeon y Gilfach Ddu* (1931) a *Y Lloer a Cherddi Eraill* (1936) y mae ymdaith y glöwr da, Mabonaidd yn un goncweriol. Yng ngeiriau 'J.J.', 'bachan bidir yw Dai' heb feth, ymgeleddwr Magdalen a'r amddifad fel ei gilydd. A'i gapel a'i gwnaeth, nid ei Undeb.

Bu'n rhaid aros tan y 1930au cyn i'r Gymraeg fentro herio delwedd ei glöwr cynddelwig. Mae'n wir fod J. O. Francis yn *Change* (1912) wedi hwyluso'r ffordd a chyfieithwyd ei ddrama gan Magdalen Morgan ym 1929 dan y teitl, *Deufor-Gyfarfod*. Yng ngolwg y Parchedig Tywi Jones, golygydd *Y Darian*, yr oedd Francis yn gymaint o adyn â Caradoc Evans am drin John Price, glöwr cywir a blaenor digyfaddawd, mor 'annheg'. Fodd bynnag, yr oedd drama i ddod a greai dipyn mwy o gyffro ymhlith y Cymry Cymraeg. Yn Eisteddfod Genedlaethol Aberafan, 1932, yr oedd drama hir gan Kitchener Davies dan y teitl, 'Adar y To', wedi ei gwrthod, er cystal ydoedd yng ngolwg y beirniaid, am ei bod yn anfoesol. Ym 1934, dan y teitl *Cwm Glo*, fe'i gyrrwyd i'r un gystadleuaeth yn Eisteddfod Genedlaethol Castell-nedd a'r un fu ei thynged. Cydnabu'r Athro Ernest Hughes, y Parchedig R. G. Berry a D. T. Davies ei champ ond gan fod amodau'r gystadleuaeth yn gofyn am ddrama y gellid ei pherfformio yn ystod y Brifwyl, ni allent wobrwyo *Cwm Glo* am ei bod yn rhy gignoeth. Ni fyddai cynulleidfa'r Brifwyl yn barod i'w stumogi ac ymhle y ceid merch yng Nghymru i chwarae rhan Marged, y butain ifanc sy'n gadael y Cwm i ennill bywoliaeth ar strydoedd Caerdydd?

O gofio'r ffordd gadarn yr amddiffynnodd *Change* J. O. Francis yn erbyn cyhuddiadau'r Parchedig Tywi Jones, y mae'n chwith fod D. T. Davies wedi methu â sefyll dros Kitchener Davies. Yr oedd mor glir â'r dydd ym 1934 fod *Cwm Glo* yn brotest yn erbyn trefn wleidyddol-economaidd a ganiatâi'r math o ddirwasgiad a osodai drigolion y cymoedd glo dan straen, gan beryglu safonau moesol a chymdeithasol. Yng ngeiriau Gwenallt, 'arian papur y gyfnewidfa faith' yw holl gymeriadau *Cwm Glo* ond fod mwy o faw dibristod y farchnad ar rai ohonynt na'i gilydd.

Yr oedd gwrthsefyll bryntni'r cyfnod yn drech na glöwr fel Dai Dafis, 'adyn' *Cwm Glo*, sy'n barod i dderbyn bod ei ferch, Marged, yn gwerthu ei hunan, dim ond iddo ef gael ennill arian blacmêl ar draul rheolwr y pwll a roesai'r sac iddo. Nid oedd y Gymraeg erioed wedi arddel glöwr fel y Dai hwn, heb sôn am ei wneud yn ganolbwynt drama, ac fe ddaeth i'r amlwg a chreu storm yn yr union Eisteddfod Genedlaethol a welodd weddillion 'Côr Mawr' Caradog yn canu 'O Fryniau Caersalem ceir gweled . . .' gerbron torf gyforiog ei hiraeth a'i hedmygedd.

Ond llawn mor bwysig o safbwynt 'deall' adwaith rhai i'r ddrama yw'r ffaith fod Dic Ifans, sy'n cynrychioli'r hen deip o löwr capelgar a arferai 'achub' y rhai cyfeiliornus, yn gwbl aneffeithiol. Y mae'n ceisio amddiffyn Dai Dafis a'i deulu a sicrhau dedwyddwch y ddau gariad, Idwal a Bet, ac y mae'n methu. Y mae megis haul cyfiawnder pŵl yn pelydru ar bawb a phopeth i ddim pwrpas. Pan yw Marged yn gadael cartref ar ddiwedd y ddrama i borthi blys stryd fawr Caerdydd, ni all Dic Ifans ond dechrau adrodd Gweddi'r Arglwydd. O'i gwmpas mae seithuctod, anobaith a marwolaeth.

Daeth dyddiau'r *Darian* i ben ym 1934 ac ni chafwyd ymateb gan y Parchedig Tywi Jones i *Cwm Glo*. Tybed a fyddai wedi maddau i Gardi o genedlaetholwr a chapelwr a ddaethai'n athro i'r Rhondda am roi Dai Dafis ar lwyfan? Yn sicr, ni allai Amanwy a'i condemniodd yn yr *Amman Valley Chronicle*. Pan glywodd fod Cwmni Drama Gymraeg Abertawe i'w pherfformio yn Rhydaman yn Chwefror 1935, mynnodd nad oedd *Cwm Glo* 'yn ddrama y gall dyn fynd â'i wraig a'i ferch neu ei fab yno, heb ofni y cyfyd cam flas o'r perfformiad', a mynnodd yn ogystal nad oedd ei gyd-drefwyr wedi eu haddysgu i fwynhau 'sex play'. Profodd y gynulleidfa fod gan bobl yr Aman ddiléit mewn pethau o'r fath.

Gan ddadlau nad oedd wedi gweld colier mor frwnt ei fuchedd â Dai Dafis ym Morgannwg na Mynwy, ni allai ond gofyn 'Paham y rhaid i ddramodydd o allu Mr. Kitchener Davies liwio'r graig y nadded ef ohoni â huddugl uffern?' Yr oedd *Cwm Glo*, eto fyth, mor atgas bob dim i'r Cymro gwladgarol â *My People* Caradoc Evans ac ni chollodd Amanwy, fel brawd i James Griffiths, A.S., mo'r cyfle i ddannod mai ymgyrchwr dros Blaid Cymru a'i creodd. Pan glywodd fod y ddrama i'w pherfformio yn Llandybïe adeg gwyliau'r Nadolig 1935, ymlidiodd drachefn a phan glywodd fod nifer o lowyr wedi codi i rwystro'r perffor-mans, yr oedd wrth ei fodd:

Da iawn fechgyn Llandybïe! Hyderwn y gwêl glowyr
pob ardal arall lle y chwaraeir y ffieiddbeth eu ffordd
yn glir i ddilyn esiampl glowyr Llandybïe. Wele gyfle
i lowr i ddangos nad oes arno gywilydd o'r graig y'i
nadded ohoni.

Fel Kate Roberts, na lwyddodd i ysgrifennu'r nofel am y
Rhondda a oedd ganddi mewn golwg am na allai ddygymod
ag enciliad y Gymraeg yno, fe all fod Kitchener Davies,
hefyd, wedi ei lethu gan ei amgylchedd gan mai tewi â sôn
yn realistaidd am ei 'Gwm Glo' a wnaeth ar ôl 1934.
Ciliodd Dai Dafis o'r golwg a daeth y glöwr da, pathetig,
yn ôl i'w hen deyrnas yn storïau tafodieithol Islwyn
Williams a nofel T. Rowland Hughes, *William Jones*.
Caeodd cariadusrwydd y Gymraeg amdano o'r newydd. Ar
drothwy'r 1950au wele Awdl Foliant Tilsli, pryddestau
radio Crwys, 'Morgannwg. Gwlad y Glo', ac Amanwy, 'Yr
Hen Gwm', yn ei gynnwys mor gynnes ag erioed a *David*,
y portread ffilm o Amanwy, yn ei osod megis eicon ar sgrin
Gŵyl Prydain ym 1951. Ac nid dyna'r cyfan. Dathlwyd
arwriaeth Tynewydd eto'r flwyddyn honno pan ddarlled-
wyd drama radio Islwyn Williams yng nghyfres 'The
Rescuers' gan y B.B.C. yn Llundain—pedair blynedd ar ôl
ei darlledu o Gaerdydd pan actiwyd rhan Isaac Pride gan
Richard Burton. Wrth fwynhau'r hen ddelwedd, gellid
anwybyddu'r ffaith mai un gerdd a ysgrifennwyd ar 'Cwm
Rhondda' ar gyfer y gystadleuaeth a drefnwyd gan Gyngor
y Celfyddydau fel rhan o ddathliadau Gŵyl Prydain, ac yr
oedd honno, ym marn unfrydol y beirniaid, yn fethiant
diweledigaeth. Erbyn 1950 yr oedd glöwr llên Cymru wedi
rhoi canrif o wasanaeth i'w wlad fel un o'r cymeriadau
etholedig a gariai deilyngdod gwerin Cymru ar eu cefnau
ac yr oedd wedi hen grymu gan y baich. Pa mor gywir-
galon bynnag y bo, llethu'r person byw a wna pob ystrydeb
ymhen hir a hwyr.

DARLLEN PELLACH

Hywel Teifi Edwards, *Arwr Glew Erwau'r Glo: Delwedd y Glöwr yn Llenyddiaeth y Gymraeg 1850-1950* (Llandysul, 1994).

David Egan, *Y Gymdeithas Lofaol: Hanes Cymoedd Glofaol De Cymru 1840-1980* (Llandysul 1988).

Hywel Francis a Dai Smith, *The Fed. A History of the South Wales Miners in the Twentieth Century* (Llundain, 1980).

Islwyn a Jean Jenkins, *Beyond the Black Tips* (Aberystwyth, d.d.).

Ieuan Gwynedd Jones, *Communities* (Llandysul, 1987).

Ioan Matthews, 'Maes y Glo Carreg ac Undeb y Glowyr 1872-1925', *Cof Cenedl VIII* (1993).

T. J. Morgan, *Diwylliant Gwerin ac Ysgrifau Eraill* (Llandysul, 1972).

Emlyn Sherrington, 'O. M. Edwards, Culture and the Industrial Classes', *Llafur*, 6 (1992).

M. Wynn Thomas, 'Writing Glamorgan', yn *Internal Difference* (Caerdydd, 1992).

Huw Walters, *Canu'r Pwll a'r Pulpud* (Barddas, 1987).

'PRIF FAEN CLO CENEDL Y CYMRY': PRIFYSGOL CYMRU 1893-1993

Geraint H. Jenkins

Y mae Prifysgol Cymru yn goron ar y gyfundrefn addysg, yn symbol o undod y genedl ac yn wrthrych teyrngarwch miloedd lawer o Gymry—dyna hanfod ei bodolaeth.

Alwyn D. Rees

A hithau bellach wedi cyrraedd a mynd heibio ei chanfed pen-blwydd, hwyrach ei bod yn briodol i ni yn awr geisio pwyso a mesur cyfraniad Prifysgol Cymru i Gymreictod ein gwlad ac i ymwybyddiaeth ei phobl o'u cenedligrwydd. *Annus mirabilis* yn ddiau yn hanes Cymru oedd sefydlu Prifysgol y Werin yn y flwyddyn 1893 ac, fel yn achos Neuadd Mynytho yn Llŷn, gwir fyddai dweud mai 'cyd-ddyheu a'i cododd hi'. Gellir olrhain yr awydd i sefydlu Prifysgol genedlaethol i ddyddiau gwrthryfel cythryblus Owain Glyndŵr yn gynnar yn y bymthegfed ganrif. Yn ôl amodau 'Polisi Pennal' a luniwyd ym 1406, y nod oedd sefydlu dwy brifysgol yng Nghymru, y naill yn y Gogledd a'r llall yn y De. Ond bu'n rhaid aros am ymron i bum canrif cyn i'r Cymry, wedi cyfnod maith o anghofio, fagu digon o hunanhyder a rhuddin i geisio gwireddu hen freuddwyd Glyndŵr. Drwy ewyllys, egni a dygnwch Ymneilltuwyr a Rhyddfrydwyr oes Victoria y daeth Prifysgol Cymru i fodolaeth ar 30 Tachwedd 1893. Saif, felly, ymhlith ein sefydliadau cenedlaethol hynaf a phwysicaf: yng ngeiriau D. Tecwyn Lloyd, hi yw 'prif faen clo cenedl y Cymry'.

Yn y 1860au yr aethpwyd ati o ddifrif i ymgyrchu o blaid sefydlu prifysgol i Gymru, ond gan nad oedd amgylchiadau yn caniatáu i hynny ddigwydd bodlonwyd, dros dro beth bynnag, ar sefydlu coleg yn Aberystwyth ym 1872 ac yna golegau yng Nghaerdydd (1883) a Bangor (1884). Ond er i'r arloeswr diflino, Syr Hugh Owen, farw ym 1881, ni ddiflannodd y freuddwyd gychwynnol am Brifysgol a fyddai'n uno'r genedl. Yn sgil Deddf Addysg Ganolraddol 1889 sefydlwyd llu o ysgolion uwchradd newydd i borthi'r tri choleg â myfyrwyr, a'r tri choleg hyn yn unig a gynrych-iolir gan y tair llusern ar arfbais y Brifysgol ffederal a sefydlwyd ym 1893. Nod y ffermwyr, y chwarelwyr a'r glowyr a gyfranasai eu ceiniogau a'u chwecheiniogau prin i goffrau'r colegau a'r Brifysgol oedd dangos eu ffydd mewn addysg brifysgol genedlaethol ac agor drysau newydd a chyffrous o flaen eu plant a phlant eu plant. Erbyn diwedd oes Victoria yr oedd gofynion addysgol Cymru a'r mudiad cenedlaethol yn cydredeg â'i gilydd, a chynyddai'r awydd beunydd i sicrhau y byddai Prifysgol Cymru yn gwasanaethu'r genedl gyfan.

Er bod sefydlu'r Brifysgol yn rhan o genhadaeth lawnach ac ehangach—byddid yn sefydlu Llyfrgell Genedlaethol ac Amgueddfa Genedlaethol maes o law— ac yn fynegiant o awydd O. M. Edwards ac eraill i 'godi'r hen wlad yn ei hôl', ni ellir ar unrhyw gyfrif honni mai o blaid arwahanrwydd neu ymreolaeth yr ymgyrchent. Nid oes ond rhaid darllen rhai o baragraffau porffor O. M. Edwards yn y cylchgrawn *Wales* i sylweddoli mai 'Wales in *British* Politics' oedd fframwaith delfrydol Rhyddfrydiaeth Gymreig ar ddiwedd oes Victoria. O fewn patrwm Prydeindod yr oes y sefydlwyd Prifysgol Cymru. Ysai arweinwyr Cymru am gael profi i'r Sais eu teilyngdod: ni ellid mwyach omedd i 'gallant little Wales' y cyfle i dorheulo gyda chenhedloedd gwâr y byd. Fel y dangosodd Kenneth O. Morgan, allan o'r ymgyrch Ymneilltuol radical yn erbyn israddoldeb a diffyg hyder y tyfodd yr alwad am gydraddoldeb i Gymru ym Mhrydain, a gwelwyd yr ysfa hon ar ei gorau adeg sefydlu Tywysog Cymru yn Ganghellor cyntaf y Brifysgol mewn seremoni rwysgfawr yn Aberystwyth ym mis Mehefin 1896. Lluniodd Syr Lewis Morris gerdd hynod wenieithus i'r Tywysog ac ynddi rhoes fynegiant i awydd Cymry blaengar yr oes i weld Cymru fach yn torsythu yng nghanol yr Ymerodraeth Brydeinig:

> The long, long night of ignorance is done,
> Triumphant o'er our land the Orient Sun
> Shines with renascent power.
> Our little Wales that lay asleep
> In secular slumbers deep
> Awakes for whatsoe'er of nobler fate . . .

25   Cyrchu Canghellor cyntaf Prifysgol Cymru drwy strydoedd Aberystwyth,
26 Mehefin 1896.

Er bod cylchgronau a newyddiaduron y 1890au yn frith o ymadroddion fel 'enaid y genedl' ac 'ysbryd y deffroad cenedlaethol', nid oedd sacrnïwyr Siartr y Brifysgol—John Viriamu Jones, Thomas Charles Edwards, Thomas Francis Roberts, Harry Rudolf Reichel a Herbert Isambard Owen —ymhlith pleidwyr brwd 'Cymru Fydd' nac yn ystyried sefydlu 'Prifysgol y Werin' yn gam ar y ffordd i ymreolaeth wleidyddol. Wrth ryfeddu at urddas a rhwysg seremoni sefydlu'r Canghellor cyntaf ar 26 Mehefin 1896, honnodd O. M. Edwards y dylid rhoi ystyriaeth fanwl i'r awgrym y dylid mabwysiadu'r chweched ar hugain o Fehefin yn ŵyl genedlaethol. Buasai Gerallt Gymro, Owain Glyndŵr, Thomas Charles, Syr Hugh Owen ac Arglwydd Aberdâr, meddai, wedi ystyried y diwrnod arbennig hwnnw ym

1896 yn 'ddiwrnod perffaith'. Ni syniai sylfaenwyr y Brifysgol am Gymru fel cenedl a chanddi hawliau gwleid-yddol ac nid oedd gan hyd yn oed O. M. Edwards unrhyw athroniaeth genedlaethol wleidyddol i'w chynnig i'w gyd-wladwyr. O fewn y fframwaith Prydeinig ac ymerodrol y dymunid gweld y Cymry yn ennill neu yn adennill eu hunan-barch ac yn tyfu'n gymeradwy yng ngolwg y Sais.

Yr oedd elfen iwtilitaraidd amlwg hefyd i'w chanfod ymhlith cefnogwyr y sefydliad cenedlaethol newydd. Pennaf nod y werin-bobl a gyfranasai eu ceiniogau prin oedd sicrhau bod eu plant yn derbyn yr un manteision addysgol ag a gâi eraill yn Lloegr a gwledydd datblygedig y byd. Taniwyd eu dychymyg gan y cyfle i anfon meibion a merched o gefndir cymharol ddifreintiedig i ennill gradd yn y Brifysgol ac i ddatblygu eu doniau i'r eithaf fel athrawon, gweinidogion yr efengyl, bancwyr, masnachwyr a siopwyr. Serch hynny, nid oedd awydd ymhlith sylfaen-wyr y Brifysgol i bleidio'r heniaith gyda balchder. Pan gofiwn fod Lewis Edwards o'r Bala wedi pwyso'n daer ar ei fab i lunio pob ysgrif o bwys yn Saesneg, nid yw'n rhyfedd yn y byd fod Thomas Charles Edwards, Prifathro cyntaf Coleg Aberystwyth, wedi dod i gredu mai gelyn pennaf y Cymry oedd 'bod yn daleithiol': 'What our youths most of all require is to come out of their shell, and associate with Englishmen and Scotchmen (sic). This will make them gentlemen in the best meaning of the word.' Nid rhai a waeddai 'Oes y Byd i'r Iaith Gymraeg' oedd prifathrawon y Colegau ac yn hynny o beth dilyn ffasiwn yr oes a wnaent. Yr oedd ysbryd y Welsh Not yn fyw ac yn iach yn yr ysgolion cynradd a Saesneg oedd iaith yr ysgolion uwch-radd ac iaith hyfforddi gweinidogion yr efengyl. Hi hefyd, wrth gwrs, oedd iaith cyfraith a chofnod, iaith busnes a phob gohebiaeth, iaith yr ymerodraeth Brydeinig a choncro'r byd. Hyd yn oed yn Adrannau'r Gymraeg credid y gellid amddiffyn yr iaith Gymraeg a'i gwaddol llenyddol drwy ddysgu myfyrwyr drwy gyfrwng y Saesneg. Er i Syr

John Morris-Jones lwyddo i ddatgelu i'w fyfyrwyr harddwch
a gogoniant yr iaith Gymraeg, drwy gyfrwng yr iaith fain
y traddodai ei ddarlithiau ac yn Saesneg y lluniodd ei
Welsh Grammar (1913). Ar batrwm caeth a gymeradwywyd
gan Syr John Rhŷs y sefydlodd Syr John Morris-Jones 'gaer
ieithegol, Saesneg ei chyfrwng, wrth-feirniadaeth lenyddol',
chwedl R. M. Jones. Yr un modd, credai Syr J. E. Lloyd,
tywysog o hanesydd a 'llusernwr y canrifoedd coll', yn
ddiysgog mai drwy addysg Seisnig y deuai pobl ifainc
Cymru ymlaen yn y byd. Er bod dros filiwn o drigolion
Cymru, yn ôl tystiolaeth Cyfrifiad 1891, yn medru'r
Gymraeg (a chynifer â 30 y cant yn Gymry Cymraeg
uniaith), ni wnaed unrhyw ymgais i sicrhau bod y famiaith
honno yn bwnc astudiaeth ac arholiad ym Mhrifysgol
Cymru. Bu raid aros tan 1930-1 cyn sefydlu cadeiriau yn
hanes Cymru yn Aberystwyth, Bangor a Chaerdydd. Ni
allwn lai na chydymdeimlo â myfyrwyr Cymraeg Aber-
ystwyth y bu rhaid iddynt ddioddef darlithiau mor 'ddeifiol
o sych' gan Syr Edward Anwyl ar 'the reduplicated emphatic
pronoun' a 'concessive-clause-equivalents'. Ar wahân i
weithgarwch cymdeithasol a diwylliannol cymdeithasau
Cymraeg fel y Geltaidd yn Aberystwyth a'r Cymric ym
Mangor, ychydig iawn o le ac o statws a roddid i'r Gymraeg.
Prin iawn oedd y deunydd Cymraeg mewn cylchgronau fel
Cap and Gown a *The Dragon*, ac yn ddi-feth Saesneg a
glywid ym mhob *conversazione, soirée*, ymgomwest,
cyfarfod ysmygu, dadl ryng-golegol a drama. Cedwid pob
un myfyriwr dan warchodaeth hynod ofalus ac yr oedd hyd
yn oed y rheolau pendant ynglŷn â'r moesoldeb Victoraidd
caeth a ddisgwylid gan y ddwy ryw wedi eu llunio yn
Saesneg. Meddai Lewis Valentine yn ei ddyddiadur: 'Cyn
y rhyfel, caeth a phlentynnaidd oedd rheolau'r coleg.
Rhaid oedd gwisgo'r gŵn du digrif a'r helm betryal galed
daselog am ein pennau, a'r Prifathro [Reichel] yn bwhwman
ar hyd y coridorau yn bwrw ei guchiau ar y di-ŵn, yn gofyn
ei enw a'i orchymyn i alw yn swyddfa'r coleg, ac yn ein

disgwyl yno yr oedd y Capten Richard Williams (Dici Sixpens), y gŵr a roddodd ran oer ei galon "i Sais a'r O.T.C.", chwedl R. Williams Parry'. Ar lawer ystyr, felly, byd dieithr iawn oedd academia i Gymro a Chymraeg gwerinol yn y blynyddoedd cyn y Rhyfel Byd Cyntaf.

I ba raddau yr oedd y myfyrwyr yn ymwybodol eu bod yn perthyn i Brifysgol genedlaethol? Hawdd credu bod daear-yddiaeth Cymru, ynghyd â'r pellter rhwng y tri choleg cyfansoddol, wedi profi'n llestair i wir undod. Nid gwaith rhwydd o bell ffordd oedd ceisio gwireddu gweledigaeth Viriamu Jones ynglŷn â Phrifysgol Cymru yn gweithredu fel magned o dan gardfwrdd ac yn tynnu briwsion haearn ati yn un gyfundrefn drefnus. Bychan iawn, yn ôl safonau ein hoes ni, oedd nifer y myfyrwyr yn y tri choleg. Yn ei blwyddyn academaidd gyntaf, nid oedd cymaint â 700 o fyfyrwyr ym Mhrifysgol Cymru. Megis John Wesley, gynt, honnai Syr J. E. Lloyd fod Bangor yn hawlio 'gogledd Cymru i gyd fel ei phlwyf', a dyrnaid yn unig o feibion a merched Gwynedd a dderbyniai eu haddysg yng ngholeg Caerdydd. Plwyfoldeb, yn wir, oedd nod angen Coleg Caerdydd: allan o gyfanswm o 628 o fyfyrwyr ym 1900-1, deuai 194 o Gaerdydd ei hun, 256 o rannau eraill o Forgan-nwg a 66 o sir Fynwy. Dau a deugain yn unig a ddeuai o Loegr neu wlad dramor. Ar y llaw arall, tynheid y cwlwm cenedlaethol gan weithgareddau megis dadleuon rhyng-golegol, eisteddfodau, nosweithiau llawen a'r 'Wythnos Ryng-Golegol'. Llwyddai'r rhain i feithrin ymdeimlad o deyrngarwch a serch at y Brifysgol fel corff cenedlaethol, a chyflawnid swyddogaeth gyffelyb gan y seremonïau graddio (neu'r diwrnod 'capio' fel y'i gelwid y pryd hwnnw) a deithiai yn yr haf i bob un o'r tri Choleg yn ei dro. Cyfarfodydd swnllyd a stormus i'w ryfeddu oedd y rheini, gyda'r myfyrwyr yn canu caneuon hwyliog a masweddus, yn chwythu utgyrn, saethu pys a thaflu conffeti. Ond fe ddengys eu hymddygiad ar adegau argyfyngus yn hanes y Brifysgol fod lle cynnes iddi yn eu calonnau. Er enghraifft,

26 David Lloyd George—'Y Dewin Cymreig'—yn bwrw ei hudlath dros academyddion a thrigolion Aberystwyth.

pan aeth y si ar led ym 1908 fod Syr T. Marchant Williams yn bygwth ceisio tanseilio undod Prifysgol Cymru, dangos-asant eu hochr yn groch yn ystod y diwrnod 'capio' ym Mangor. 'Pwy sydd am falu ein Prifysgol Cenedlaethol?' bloeddient. 'Syr Marchant Williams,' oedd yr ateb. ' A fydd e'n llwyddo?' gwaeddwyd drachefn. 'O diar na!' oedd y floedd fyddarol olaf.

Ond fel y treiglai'r blynyddoedd yn eu blaen, cyndyn iawn oedd gwerin-bobl i ganmol y Brifysgol. Teimlai llawer nad oedd wedi llwyddo i gyflawni'r gobeithion cynnar: yr oedd yn rhy Seisnig, yn rhy uchel-ael, yn rhy estron. Ym 1906 taniwyd cynulleidfa o eisteddfodwyr brwd pan fentrodd O. M. Edwards honni nad oedd y Brif-ysgol yn gwasanaethu'r genedl cystal â'r Eisteddfod Genedlaethol. Bu'r gymeradwyaeth yn fyddarol. Ac er i'r Brifysgol wobrwyo David Lloyd George, Canghellor y Trysorlys, â gradd LLD er anrhydedd ym 1908, honnodd y 'Dewin Cymreig' y byddai angen 'llogi anasthetydd i yrru'r tri Phrifathro i drymgwsg hir' cyn y gellid diwygio'r strwythur ffederal. Y ddraenen fwyaf pigog yn ystlys y Brifysgol, serch hynny, oedd Syr T. Marchant Williams, mab i lowr, ynad cyflogedig ym Merthyr Tudful, a golygydd *The Nationalist*. Fe'i hadwaenid ledled Cymru fel 'The Acid Drop' ac y mae rhai o golofnau'r cymeriad lliwgar a chymhleth hwn yn *The Nationalist* yn eithriadol o ddifyr. Pwy ond Marchant a fyddai wedi meiddio disgrifio *Caniadau* Syr John Morris-Jones fel 'a book of hand-made paper and ''machine-made'' poetry'? Un na allai gyd-ddwyn â'i gyfoedion oedd Williams ac nid oedd W. J. Gruffydd ymhell o'i le pan y'i disgrifiodd fel 'dyn bach sur gwenwyn-llyd'. Meddai ar ddawn ddigymar i wneud gelynion ac ni chollai'r un cyfle i roi chwip ar gefn y Brifysgol a'i swydd-ogion. Un o'i gaseion pennaf oedd Syr Herbert Isambard Owen, Dirprwy-Ganghellor Hŷn y Brifysgol, a gŵr yr oedd pob manylyn am statudau a rheoliadau'r Brifysgol ar flaenau ei fysedd. Digiwyd Marchant Williams yn arw pan wrthododd Owen roi'r gorau i'w swydd fel Dirprwy-Ganghellor Hŷn wedi ei benodiad yn Brifathro Coleg Armstrong, Newcastle-on-Tyne, ym 1904. Dywedodd yn blwmp ac yn blaen yn Llys y Brifysgol mai sarhad ar y genedl oedd caniatáu i bennaeth gweithredol y Brifysgol hefyd wasanaethu fel Prifathro 'coleg eilradd' y tu hwnt i Glawdd Offa. Chwarddodd pawb pan aeth yn ei flaen i honni bod bôn Prifysgol Cymru i'w ganfod yng Nghaerdydd, y traed ym Mangor, y breichiau crafangus yn Aberystwyth, 'a'r pen yn ystafell breifat rhyw ddoctor yn Newcastle-on-Tyne!'

Rhwng blwyddyn sefydlu Prifysgol Cymru ym 1893 a chychwyn y Rhyfel Byd Cyntaf ym 1914 bu'n rhaid

27   Y cartwnydd J. M. Staniforth yn cynnal breichiau Syr T. Marchant Williams yn y *Western Mail*.

ymladd yn daer i sicrhau cydnabyddiaeth swyddogol a
nawdd ariannol i addysg uwch yng Nghymru. Gan fod
cymorthdaliadau'r Llywodraeth mor annigonol o bitw,
dibynnai'r Colegau ar gefnogaeth ariannol o du tirfeddian-
wyr, diwydianwyr a masnachwyr, a dal i lifo i'w coffrau a
wnâi ceiniogau a dimeiau'r werin-bobl. Ond yr oedd y
ffaith fod y Llywodraeth Ryddfrydol yn fodlon sefydlu
Comisiwn Brenhinol i ymchwilio i gyflwr y Brifysgol ym
mis Ebrill 1916 yn dangos yn eglur fod gofid mawr ynglŷn
â'i dyfodol. Dewiswyd gŵr doeth, hirben a phrofiadol yn
Gadeirydd y Comisiwn, sef Richard Burdon Haldane, Is-
Iarll Haldane o Cloan. Yr oedd Haldane eisoes yn ffigur
cyfarwydd mewn cylchoedd addysgol. Bu'n Gadeirydd y
Comisiwn Brenhinol a roes sêl ei fendith ar batrwm
ffederal newydd Prifysgol Llundain, ac yr oedd strwythur
a threfniadaeth prifysgolion Ewrop yn hysbys iddo. 'Yr
wyf wedi byw dros achos addysg', meddai, 'yn fwy, efallai,
na'r un arall.' Ac yntau'n hanu o'r Alban, gwyddai'n dda
am y cwlwm Celtaidd ac am awydd cenhedloedd bychain
i ddiogelu eu hunaniaeth. Rhoddai bwys eithriadol ar gyfle
cyfartal ac ni flinai ar amddiffyn egwyddor *Lehrfreiheit*. I
gynnal ei freichiau, penodwyd pum academydd disglair a
thri gwas sifil, a'r unig siom oedd mai dim ond dau Gymro
—Syr Henry Jones, Athro Athroniaeth Foesol ym Mhrif-
ysgol Glasgow a Syr O. M. Edwards, Prif Arolygydd Adran
Gymreig y Bwrdd Addysg—a gynhwyswyd yn y tîm.
Rhoddwyd iddynt y dasg o 'ymchwilio i drefniadaeth a
gwaith Prifysgol Cymru a'i thri Choleg cyfansoddol' a
chwblhawyd y gwaith ymhen llai na dwy flynedd. I
Haldane y mae'r diolch am hynny: ymdaflodd i'w waith
yn eithriadol o frwd a synnwyd tystion nid yn unig gan ei
egni ond hefyd gan ei wybodaeth fanwl am Gymru a theithi
meddwl ei phobl. Cynhyrchwyd Adroddiad terfynol—a
gyhoeddwyd ym mis Mawrth 1918—o dros gant o dudal-
ennau, ynghyd â thri atodiad swmpus yn cynnwys yn agos
i fil o ddudalennau. Cymeradwywyd yr Adroddiad yn

llawen am ei fod wedi rhoi sêl ei fendith ar Brifysgol Cymru fel corff cenedlaethol ffederal a chryfhau ei delwedd gyhoeddus a'i Chymreictod. Yn ddi-os, carreg filltir nodedig iawn yn hanes Prifysgol Cymru oedd Adroddiad Comisiwn Haldane ym 1918.

Ar sail tystiolaeth a gyflwynwyd gan awdurdodau lleol, cyrff cyhoeddus a phersonau unigol y lluniwyd yr Adroddiad, ac mae'n werth nodi mai o du Senedd Coleg Caerdydd y daeth yr unig gais am rannu'r Brifysgol. Un o gymwynasau mwyaf Haldane oedd chwyddo a democrateiddio aelodaeth Llys y Brifysgol. Syniai am y Llys fel Senedd Addysg Uwch, rhyw fath ar uchel ŵyl flynyddol a fyddai'n 'ysbrydoliaeth a chyfarwyddyd i'r bobl'. Rhoddwyd sylw haeddiannol hefyd i Astudiaethau Celtaidd ac ymhlith argymhellion pwysicaf yr Adroddiad oedd y dylid sefydlu Bwrdd Gwybodau Celtaidd a Gwasg Prifysgol er mwyn hybu astudiaethau uwchraddedig, cydlynu ymchwil, a chyhoeddi ffrwd gyson o gyfrolau ym maes ysgolheictod Celtaidd. Y nod, yng ngeiriau Haldane ei hun, oedd cyffroi 'sêl a blaengarwch' ymhlith academyddion Cymreig a'u cymell i ddeffro i'w cyfrifoldeb i feithrin yr iaith Gymraeg a'i diwylliant a'i hanes. Nid gormod yw dweud bod sylwadau'r comisiynwyr wedi peri i lawer o Gymry blaenllaw ddeffro i'w dyletswydd i ymfalchïo yn rhagoriaeth eu diwylliant. Swynwyd Haldane gan y stori ramantus a chyffrous am sefydlu 'Prifysgol y Werin' a chan yr ymwybyddiaeth gref o genedligrwydd a fu'n ei chynnal er 1893. Mor wahanol yw naws a chynnwys adroddiad Comisiwn Haldane ym 1918 i'r geiriau sarhaus a gyhoeddwyd gan Lingen, Vaughan Johnson a Symons yn yr Adroddiad a fedyddiwyd yn 'Frad y Llyfrau Gleision' ym 1847. Parchai Haldane yr ymwybod â chenedligrwydd a roes fod i Brifysgol Cymru:

Yn y lle cyntaf, rhaid i ni gydnabod fod yng Nghymru ysbryd cenedligrwydd cryf, a bod hwnnw'n ymgyrraedd

28 Richard Burdon Haldane, Is-Iarll Haldane o Cloan.

at undeb, er gwaethaf llu o groes ddylanwadau. Ni
bu'r ymdrech genedlaethol i sicrhau undod yn fwy
amlwg ac yn fwy cyson mewn dim nag y bu mewn
addysg: yn wir, ni adawodd ein tystion anacademaidd
i ni anghofio eu bod yn parhau i weithio gyda gobaith
ac egni newydd o blaid sicrhau cyfran helaeth o hunan-
lywodraeth ym mhob agwedd ar addysg.

Wrth ddarllen y geiriau cynhyrfus hyn, hawdd deall
paham y llwyddodd Haldane i swyno staff a myfyrwyr
Coleg Aberystwyth pan draddododd ddarlith gyhoeddus
yno ym mis Hydref 1910 ar y thema 'enaid y bobl'.
Gwyddai'n dda am ddiffyg gwelediad a dychymyg y Sais
a'i amharodrwydd i ddeall a gwerthfawrogi safbwynt
cenedl arall, ac mewn anerchiad yn y Coleg newydd a
sefydlwyd yn Abertawe ym 1920, pwysleisiodd eto ddall-
ineb y Sais: 'yma yng Nghymru', meddai, 'bu Lloegr
erioed yn drafferth i chi.' Yr Arglwydd Haldane, yn anad
neb, a sylweddolodd y byddai colli undod cenedlaethol
Prifysgol Cymru yn drychineb, ac yr oedd yn fwy na
bodlon i ymateb yn gadarnhaol i ewyllys a barn y tystion
a ymddangosodd gerbron y Comisiwn:

> Er gwaethaf pob anhawster a rhwystr sy'n tarddu o
> amgylchiadau daearyddol a moddion teithio annigonol,
> er gwaethaf gwahaniaethau o ran amgylchiadau
> diwydiannol a chymdeithasol, neu ysbryd gwladgarol
> lleol nad yw bob amser yn tynnu i'r un cyfeiriad â'r
> ymdeimlad cenedlaethol ehangach, y mae'n ddiogel
> gennym mai dymuniad Cymru ydyw am un Brifysgol
> genedlaethol, a bod y dymuniad hwnnw'n iawn.

Serch hynny, er gwaethaf yr adolygu a'r ailwampio
sylweddol a gafwyd ar strwythur y Brifysgol wedi 1918,
pery'r gofidiau dwys ynglŷn â'i Chymreictod. Bu'n hynod
anwadal ei hagwedd at achosion Cymreig o bwys, ac fe'i

ceryddwyd gan D. Tecwyn Lloyd am 'gerdded igam ogam o un ochr i'r llall: gwasanaethu achosion Cymreig ambell dro ond, dro arall, ac yn amlach efallai, gwyro at brydeiniaeth.' Er enghraifft, siomedig o lugoer fu ymateb y Brifysgol i'r syniad a wyntyllwyd ym 1920 o sefydlu Cyngor Addysg Cenedlaethol i Gymru. Ofnai Alfred Zimmern, deiliad cyntaf Cadair Gwleidyddiaeth Ryngwladol Coleg Aberystwyth, fod yr hen ddelfrydau wedi eu bradychu 'am saig o famon Seisnig', ac ailadroddwyd y gŵyn honno gan Llew Tegid yn ystod gŵyl cyhoeddi'r eisteddfod yng Nghaernarfon ym mis Mehefin 1920. Derbyniodd gymeradwyaeth groch pan honnodd mai'r Eisteddfod Genedlaethol rhagor na'r Brifysgol a oedd yn hybu doniau gorau Cymru ac yn haeddu'r clod pennaf am weithredu fel Prifysgol y Werin. 'A oedd y Colegau', meddai, 'wedi cynhyrchu gymaint ag un dyn gwirioneddol fawr ar ôl dod yn rhan o'r Brifysgol?' Nid oedd cyn-filwyr a greithiwyd yn gorfforol a meddyliol ar faes y gad yn ystod y Rhyfel Mawr yn fodlon dygymod â'r hen drefn Seisnig ychwaith. Wfftient at reolau moesol caeth yr awdurdodau a'u condemnio am gynnal eu gwaith academaidd a gweinyddol drwy gyfrwng y Saesneg. 'Is the University Non-Welsh?' oedd y pennawd bras yn y *Western Mail* ar 11 Rhagfyr 1925, wrth adrodd hanes ymosodiad deifiol yr Henadur William George o Gricieth ar anghymreictod y Brifysgol.

Buddiol yw cofio, fodd bynnag, yr hyn a gyflawnwyd gan y Brifysgol mewn cyfnod o ddirwasgiad, cyni a diweithdra erchyll rhwng y ddau Ryfel Byd. Diolch i arweiniad yr Athro W. J. Gruffydd yng Nghaerdydd, daeth Cymraeg ym 1919 yn gyfrwng dysgu yn adrannau Cymraeg y Colegau a hybwyd diddordeb newydd mewn beirniadaeth lenyddol. Yn seremonïau graddio'r Brifysgol disodlwyd y Lladin gan y Gymraeg. Aeth y Bwrdd Celtaidd a Gwasg y Brifysgol i'r afael â'r dasg o gyhoeddi astudiaethau Cymraeg a Chymreig o gryn bwys. Sefydlwyd cylchgrawn dylanwadol *Y Llenor*, dan olygyddiaeth finiog-ddadleuol W. J.

Gruffydd, ym 1921, a daeth enwau gwŷr dysgedig a disglair fel Syr John Morris-Jones, Syr J. E. Lloyd, T. H. Parry-Williams, T. Gwynn Jones, Henry Lewis, Ifor Williams ac R. T. Jenkins yn adnabyddus ledled Cymru. Bu Llys y Brifysgol yn ddigon doeth i ehangu'r cylch ffederal (ymunasai Abertawe eisoes ym 1920) drwy wahodd, ar argymhelliad Comisiwn Haldane, yr Ysgol Feddygol yng Nghaerdydd i ymuno â Phrifysgol Cymru fel aelod cyflawn. Er gwaethaf bygythiad Coleg Caerdydd i ddwyn achos cyfreithiol yn erbyn y Brifysgol am 'fabwysiadu' ei phlentyn, ymgorfforwyd Ysgol Feddygol Genedlaethol Cymru ym 1931. Dyfalbarhad a thaerineb Pwyllgor Darlledu Prifysgol Cymru a fu'n bennaf cyfrifol hefyd am sefydlu gorsaf ddarlledu i Gymru, a bob blwyddyn llwyddai ysgolion haf a ralïau adrannau efrydiau allanol y Colegau i ehangu gorwelion myfyrwyr hŷn a pheri iddynt deimlo eu bod yn rhan o gorff cenedlaethol. Ni ddylem ddibrisio'r cyfle a roddwyd i feibion a merched di-dras i ddiwallu eu syched am wybodaeth ac i ennill gradd yn y Brifysgol. Mewn cyfnod diweddarach talodd y Prifathro Thomas Parry deyrnged haeddiannol i Brifysgol Cymru am ei chyfraniad clodwiw yn addysgu myfyrwyr y genhedlaeth gyntaf: 'mae'n ddigon posibl na fyddai'r rheini ohonom . . . sy'n feibion a merched i ddyddynwyr, gweision fferm, glowyr, gweithwyr dur, chwarelwyr a siopwyr, wedi mynd i'r Brifysgol erioed petaem wedi ein geni yn Lloegr.' Bu llawenydd mawr, er enghraifft, yn Ynystawe pan glywyd y newyddion fod Henry Lewis, un o 'blant y pentref' a ddaeth ymhen blynyddoedd yn Athro yn y Gymraeg yng Ngholeg Abertawe, wedi dwyn anrhydedd i'w fro drwy fod y cyntaf i ennill gradd yn y Brifysgol. Mewn cyfnod o dlodi a thrallod, teimlid mai addysg oedd bron yr unig beth na fedrid ei ddwyn oddi ar neb. Neidiai'r difreintiedig at y cyfle i ddatblygu eu doniau academaidd, i ddatblygu fel unigolion, ac i fod o wasanaeth i fywyd cymdeithasol, diwylliannol a gwleidyddol Cymru.

Teg dweud hefyd fod y myfyrwyr yn y cyfnod rhwng y
ddau ryfel byd yn fwy parod na'u rhagflaenwyr i geisio
diogelu a chryfhau'r dreftadaeth ddiwylliannol Gymreig.
Yn y Colegau y bwriodd Iorwerth C. Peate, D. Tecwyn
Lloyd, John Roberts Williams a Waldo Williams eu prent-
isiaeth fel beirdd a llenorion, a sicrhaodd y digrifwr Idwal
Jones fod digon o hwyl a difyrrwch i'w cael yn yr eistedd-
fodau a'r nosweithiau llawen rhyng-golegol. Yr oedd yr
Wythnos Ryng-golegol yn foddion i gryfhau'r ymdeimlad
o undod cenedlaethol ymhlith y myfyrwyr. 'I fesur mawr
yr oedd yn beth anymwybodol', meddai D. Tecwyn Lloyd,
'*bod* yn Gymreig ydoedd ac nid proffesu hynny.' Yr oedd
myfyrwyr o Gymry a oedd yn byw yn Aberystwyth a
Bangor yn dilyn eu gyrfaoedd mor naturiol â myfyrwyr o
Saeson yn Durham neu Fryste. I bob golwg, nid oedd
safle'r iaith mewn perygl y pryd hwnnw, ac er y cafwyd
rhai protestiadau cofiadwy ni welwyd angen i godi stŵr na
malu eiddo. Cyfran fechan iawn o fyfyrwyr a ymddiddorai
mewn gwleidyddiaeth ac, wrth ganu'n iach i Goleg Aber-
ystwyth ym 1935, honnodd Gwynfor Evans mai un bwriad
yn unig a oedd gan fyfyrwyr y dwthwn hwnnw—'to get a
degree, with as much pleasure as possible thrown in, and
they might be Zulus for all the interest most of them take
in their own country'. Tueddent i fod yn ymostyngol a
chydymffurfiol, heb ystyried am eiliad y gallent ymroi i
derfysg ymfflamychol. Nid oedd ganddynt unrhyw ddi-
ddordeb yn llywodraeth neu weinyddiad y Colegau a phur
anaml y mynegent farn ynglŷn ag ansawdd amrywiol yr
addysg a gaent.
    I raddau pell iawn, sut bynnag, diflannodd y gwyleidd-
dra a'r llesgedd pan gyneuwyd tân yng nghytiau pren yr
Ysgol Fomio ym Mhenyberth, Llŷn, yn oriau mân y bore
8 Medi 1936, gan y tri gwron Saunders Lewis, Lewis
Valentine a D. J. Williams. Anodd gorbwysleisio arwydd-
ocâd y weithred symbolaidd hon. Am y tro cyntaf er yr
Oesoedd Canol trefnwyd gweithred droseddol er mwyn

amddiffyn iaith, diwylliant a thraddodiadau Cymreig a
chryfhau ymwybyddiaeth wleidyddol y Cymry o'u cened-
ligrwydd. Ni raid ailadrodd hanes yr achos llys a'i ganlyn-
iadau yma, ond y mae'n werth pwysleisio bod Saunders
Lewis wedi datgan gerbron y rheithgor ym Mrawdlys
Caernarfon fod yr hyn a wnaed ym Mhenyberth 'wedi
achub anrhydedd Prifysgol Cymru, oblegid ar wahân i
iaith a llenyddiaeth Cymru nid oes gan y Brifysgol hon
esgus dros ei bod'. Ac yntau'n un o sylfaenwyr Plaid
Genedlaethol Cymru a'i Llywydd hyd at 1939, gwyddai
Saunders Lewis mai ymhlith rhai o ddarlithwyr a myfyrwyr
ieuainc eiddgar y Colegau y ceid yr arwyddion mwyaf
gobeithiol o ysbryd newydd o blaid rhyddid ac annibyn-
iaeth i Gymru ac amodau teg i'r iaith a'r diwylliant
Cymraeg. Ond bu dadlau ffyrnig yn y Colegau ynghylch 'Y
Tân yn Llŷn', yn enwedig pan drosglwyddwyd yr achos o
Gaernarfon i'r Old Bailey ar sail y gred na ellid cynnull
rheithgor diduedd yng Nghymru. Dedfrydwyd y tri i naw
mis o garchar (dedfryd bur ysgafn mewn gwirionedd) ac
wedi eu rhyddhau o garchar Wormwood Scrubs adferwyd
i Lewis Valentine a D. J. Williams eu swyddi, ond yr oedd
Cyngor Coleg Abertawe eisoes wedi penderfynu diddymu
cytundeb Saunders Lewis ar 19 Ionawr 1937. Yn eironig
iawn, gwireddwyd brawddeg a gynhwyswyd gan Lewis
mewn llythyr a anfonodd at ei ddarpar-wraig adeg ei
benodi i swydd darlithydd yn Adran y Gymraeg yng
Ngholeg Abertawe ym 1922: 'Welsh literature shall be my
job till I peg out, or till the College chucks me out.' Wedi
pedair blynedd ar ddeg o wasanaeth cwbl ymroddedig a
disglair caewyd drysau Coleg Abertawe yn wyneb Saunders
Lewis. Am ryw reswm dirgel, nid yw cofnodion cyfarfodydd
Cyngor y Coleg ar glawr, ond yr oedd y si yn dew y pryd
hwnnw fod barn cwmnïau diwydiannol yn ardal Abertawe
a arferai gyfrannu symiau sylweddol o arian i'r Coleg wedi
troi'r fantol yn erbyn Lewis. Nid dibwys ychwaith oedd y
ffaith nad oedd yr Athro Henry Lewis, pennaeth Adran y

Anghyfiawnder ! ! !

Saturday, May 22nd
At 6 p.m.

Central Hall, Swansea
(Seating 1200)

GREAT PROTEST MEETING
For

Mr. Saunders Lewis

Now in prison for his principles, previously lecturer in Welsh Literature at Swansea University College, whose post has been filled in his absence, in circumstances demanding fullest public examination.

SPEAKERS:

Ald. PERCY MORRIS, Swansea
Prof. J. OLIVER STEPHENS
Mrs. D. J. WILLIAMS, B.A., Fishguard
Dr. ELFED THOMAS. Swansea
Mr. J. WALTER JONES, M.A., Neath
Mr. ANDREW DAVIES, B.A.,
President Swansea Students Union Council.
Dr. IORWERTH JONES, Swansea
Coun. J. L. REES, Pontardawe
Mr. KITCHENER DAVIES, M.A., Rhondda
Rev. DYFNALLT OWEN, M.A.
Mr. D. MYRDDIN LLOYD, M.A.,
National Library, Aberystwyth
County Coun. D. B. LEWIS, Cross Hands
Mr. DAFYDD JENKINS, Barrister-at-law

Community Singing at 5.30 p.m.   Harpist : Miss Rhiannon James.

Demonstrate your DISAPPROVAL of FASCIST METHODS and DEMAND JUSTICE.

Printed in Wales by Frank C. Jones, Mansel Press, rear of 7, Mansel Street, Swansea.

29   'Demand Justice' oedd y gri yn y cyfarfod protest stormus a gynhaliwyd yn Abertawe, 22 Mai 1937.

Gymraeg, yn fodlon eiriol ar ran ei gyd-weithiwr. Yn wir,
fe bleidleisiodd o blaid ei ddiswyddo.

Tybiai W. J. Gruffydd fod deunydd sant yn Saunders
Lewis ac efallai'n wir ei fod hefyd yn chwennych merthyr-
dod. Ond nid llwfrgi mohono: fe'i clwyfwyd yn ddifrifol
yn ffosydd Ffrainc yn ystod y Rhyfel Mawr ac yr oedd ef a'i
ddau gymar yn fwy na pharod i gyfaddef eu rhan yn y
weithred ym Mhenyberth ac, fel sy'n weddus i'r sawl sy'n
pleidio anufudd-dod sifil, i dderbyn cyfrifoldeb llawn am
ganlyniadau'r weithred honno. Protestiodd llawer o fyfyr-
wyr Abertawe yn groch ond anwybyddwyd pob deiseb yn
galw am ailbenodi Lewis. Mewn cyfarfod protest stormus
yn Abertawe ym mis Mai 1937 disgrifiodd y cadeirydd,
Walter Jones, Gyngor y Coleg yn 'haid ddirmygedig o
dwpsod, bradwyr, a hwliganiaid'. Er gwaethaf deisebu
taer gan Urdd y Graddedigion, gwrthododd Llys y Brifysgol
geisio diddymu penderfyniad Cyngor Coleg Abertawe. Ar
dir cyfansoddiadol, wrth gwrs, nid oedd ganddynt yr un
dewis arall, ond yn enw dynoliaeth buasai gwŷr o welediad
wedi symud mynyddoedd er mwyn peidio ag alltudio
Cymro a safai, gydag Eliot ac Yeats, ymhlith deallusion
pennaf ei oes. Achosodd penderfyniad y Brifysgol gyffro
mawr yn y Colegau a bu cryn ymgecru rhwng cenedlaeth-
olwyr a sosialwyr, cyn-filwyr a heddychwyr. Rhwygwyd
adrannau y Gymraeg o'r brig i'r bôn. Er i Gwenallt, W. J.
Gruffydd, Tom Parry, R. Williams Parry, G. J. Williams ac
eraill wneud eu gorau glas i adfer ei swydd i Lewis, ni
fynnai R. T. Jenkins, Henry Lewis, Ifor Williams a T. H.
Parry-Williams gynnal breichiau'r mab afradlon. Cyth-
ruddwyd y bardd R. Williams Parry i'r byw: 'Onid yw'n
arwyddlon iawn', meddai mewn llythyr at W. J. Gruffydd,
'mai pobl ddi-awen fel Ifor, R. T. Jenkins a Harry Lewis
sydd yn nogio rhag mynd i'r gad dros gymrodor? . . . Nid
oes yr un ohonynt wedi gweld *magnitude* Saunders.'
Rhoes fynegiant i'w ddicter yn ei gerdd 'Y Gwrthodedig':

Hoff wlad, os gelli hepgor dysg
Y dysgedicaf yn ein mysg,
Mae'n rhaid dy fod o bob rhyw wlad
Y fwyaf dedwydd ei hystad.

Os gelli fforddio diffodd fflam
A phylu ffydd dy fab di-nam,
Rhaid fod it lawer awdur gwell
Na'r awdur segur sy'n ei gell.

Wrth edrych yn ôl, gallwn weld bod y weithred drydanol a
gyflawnwyd ym Mhenyberth yn garreg filltir o'r pwys
mwyaf yn hanes datblygiad gwleidyddol a seicolegol y
Cymry. Ond ar y pryd ystyfnigrwydd Coleg Abertawe,
diymadferthwch y Brifysgol, a rhwystredigaeth Cymry
twymgalon a gâi sylw. 'Ni allai peth o'r fath ddigwydd',
meddai D. J. Williams, 'ond mewn cenedl lwfr, ddiymysg-
aroedd, a lyncasai, eisoes, boeryn olaf ei chywilydd yn
ddiboen.'
    Gadawodd 'Y Tân yn Llŷn' ei ôl yn drwm ar feddwl
cenedlaetholwyr ac ar berthynas cyfeillion â'i gilydd. Nid
hawdd oedd bwyta 'academig dost' ym 'mhrynhawnol
hedd' ystafelloedd cyffredin tra oedd athrylith gwrthodedig
yn nhir alltudiaeth. A phan ddewiswyd Saunders Lewis
ym 1942 yn ymgeisydd y Blaid Genedlaethol, a hynny yn
sgil ymddeoliad Ernest Evans, yr Aelod Seneddol Rhydd-
frydol dros Brifysgol Cymru, daeth hen gynhennau i'r
wyneb unwaith eto. Ofnai mandariniaid parchus y Brif-
ysgol y byddai Saunders Lewis yn rhy danbaid ei sêl dros
fuddiannau Cymreig yn Nhŷ'r Cyffredin ac ni chollwyd yr
un cyfle i edliw iddo ei Babyddiaeth a'i agwedd at y rhyfel.
Ceisiwyd yn ofer ddwyn perswâd ar Thomas Jones (yr
enwog T.J.) i sefyll yn erbyn Lewis, ond mawr fu gorfoledd
y Rhyddfrydwyr pan gytunodd yr Athro W. J. Gruffydd i
gario'u baner yn yr is-etholiad a oedd i'w gynnal ym mis
Ionawr 1943. Er mawr ofid i'w gyfeillion, troes Gruffydd

ei gefn ar arwr Penyberth, gan wadu (yn groes i bob tystiol-
aeth ysgrifenedig) ei fod wedi cefnogi'r llosgi ym 1936. Bu
ffraeo blin a checrus yng ngholofnau'r wasg Gymreig a
chredai golygydd *Y Faner* fod carfanau grymus yn y
Brifysgol a oedd yn ysu am y cyfle i gosbi Saunders Lewis
eto 'drwy droi pob carreg, a defnyddio pob celwydd a llaid,
fel nad elo i'r Senedd'. Er bod pum ymgeisydd—W. J.
Gruffydd (Rhyddfrydwr), Saunders Lewis (Y Blaid Gen-
edlaethol), Alun Talfan Davies (Annibynnol), Evan Davies
(Sosialydd Annibynnol) a Neville Evans (Sosialydd Anni-
bynnol)—gwyddai pawb mai dau yn unig a oedd yn y ras.
Caniatawyd pum niwrnod i bleidleisio ac ar 30 Ionawr
1943 cyhoeddwyd mai W. J. Gruffydd a orfu â mwyafrif
ysgubol o 1,768 pleidlais. Llwyddodd Gruffydd i ddal ei
afael ar y sedd yn Etholiad Cyffredinol 1945 ac ef fu
cynrychiolydd Prifysgol Cymru yn y Senedd hyd nes
diddymwyd sedd y Brifysgol ym 1950.

Gellid disgwyl y buasai Saunders Lewis, yn wyneb y
grasfa etholiadol a ddioddefasai, wedi cefnu'n llwyr ar
Brifysgol Cymru, ond daliai i gredu ei bod yn gyfrifoldeb
arno i dynnu sylw at ei gwendidau. Erbyn diwedd yr Ail
Ryfel Byd yr oedd nifer cynyddol o fyfyrwyr Cymraeg yn
argyhoeddedig nad oedd Cymreigio'r Brifysgol yn rhan o
genhadaeth Prifathrawon y Colegau. 'Môr o Seisnigrwydd'
a geid yn Aberystwyth, yn ôl Kate Roberts, a tharanai
Gwilym Prys Davies yn erbyn 'uchel-snobyddiaeth y llif-
eiriant Seisnig ffroenuchel'. Ategwyd hyn oll gan Saunders
Lewis: yn *Y Faner* ym 1945 ymosododd yn rymus ar y
Brifysgol am ei diffyg Cymreictod a galw ar yr un pryd am
sefydlu Coleg Cymraeg:

> . . . y mae Cymru'n wahanol i bob gwlad arall yn
> Ewrop; nid oes ganddi brifysgol. Y mae Cymraeg yn
> bwnc mewn sefydliad Saesneg a elwir yn 'University
> of Wales'. Nid oes gan y genedl Gymreig brifysgol.
> Athrawon heb Gymraeg, heb wybodaeth o hanes a

diwylliant Cymru, yw'r mwyafrif o staff prifysgol Cymru. Na feier yr athrawon: Cymru ei hun sy'n mynnu hynny.

Achosodd y llith hwn gryn stŵr ac yn sgil gwasgu taer yn Llys y Brifysgol gan Gwynfor Evans penderfynwyd sefydlu pwyllgor i ystyried safle'r Gymraeg mewn addysg uwch. Gwaetha'r modd, methwyd sicrhau unfrydedd barn a bodlonwyd ar argymell y dylid neilltuo adnoddau i benodi aelodau ychwanegol at staff y Colegau i ddysgu pynciau trwy gyfrwng y Gymraeg. Dychwelodd Saunders Lewis drachefn at y pwnc llosg hwn yn ei ddarlith ysgytiol, *Tynged yr Iaith*, ym 1962, gan honni mai Cymry Cymraeg a greodd y Brifysgol, 'ei chynnal hi, dotio ar ei graddau anrhydeddus hi, a bodloni mai gradd diraddiad y Gymraeg yw diploma ei hanrhydedd hi'.

Erbyn hynny yr oedd pwysau gwleidyddol ar Brifysgol Cymru i ehangu bron yn amhosib ei wrthsefyll. Er 1945 bu cynnydd sylweddol yn nifer y myfyrwyr ac erbyn 1960 yr oedd 6,159 o fyfyrwyr yn derbyn addysg amser-llawn ym Mhrifysgol Cymru. Brithid sgwrs a datganiadau prifathrawon y Colegau ag ymadroddion fel 'adeiladu o'r newydd' a 'cynllunio ar gyfer y dyfodol', a phrif argymhelliad Adroddiad Robbins ym 1963 oedd y dylai addysg brifysgol fod yn agored i bawb a oedd yn gymwys i'w derbyn. Er i Kingsley Amis ac eraill geisio diogelu'r hen safonau elitaidd drwy ddal nad oedd rhif a rhin yn gyfystyr, mabwysiadwyd 'Egwyddor Robbins' yn eiddgar gan y Colegau. Ymhen deng mlynedd yr oedd cyfanswm y myfyrwyr (15,469 erbyn 1973) wedi mwy na dyblu. Cyfnod o gyfnewid aruthrol fawr oedd hwn ac yr oedd iddo oblygiadau pellgyrhaeddol o safbwynt undod y Brifysgol a'i Chymreictod.

Yn sgil y cynnydd anferthol yn nifer y Saeson a'r tramorwyr yn y Colegau, aeth colegoldeb yn rhemp a dechreuodd carfanau haerllug ddatgan nad peth llesol oedd ffederaliaeth ac na ddylid ar unrhyw gyfrif hybu'r defnydd o'r Gymraeg ym Mhrifysgol Cymru. Yr oedd o leiaf dri phrifathro yn awyddus i adeiladu ymerodraeth fach ranbarthol ac y mae'n werth nodi na phleidiwyd ffederaliaeth gan yr un o'r pedwar prifathro gerbron Pwyllgor Robbins. Eisoes, ym mis Rhagfyr 1960, penodasai Llys y Brifysgol bwyllgor (a'i galwodd ei hun yn Gomisiwn ymhen fawr o dro) i 'adolygu swyddogaethau, galluoedd a chyfundrefn weinyddol y Brifysgol a'i Cholegau cyfansoddol' ond, ar ôl cynnal pedwar cyfarfod ar bymtheg dros gyfnod o dair blynedd, methwyd yn deg â chael unfrydedd barn ymhlith yr aelodau. Yn wir, ymrannodd y Comisiwn yn ddwy garfan wrthwynebus ac nid oedd dim amdani ond paratoi dau Adroddiad annibynnol ar ei gilydd. Tra oedd y Comisiwn yn ymgynghori ac yn casglu tystiolaeth, gwelodd carfan sylweddol o 'Garedigion Prifysgol Cymru' yn dda i lunio dogfen rymus o blaid diogelu undod y Brifysgol. Ymhlith y 1,450 a dorrodd eu henwau wrth y ddogfen a'i chyflwyno gerbron y Comisiwn yr oedd Syr David Hughes-Parry, James Griffiths, Syr Lewis Jones ac Alun Talfan Davies. Rhoes hyn gyfle i garfanau gwrth-Gymreig, dan arweiniad James Callaghan, George Thomas ac Iorwerth Thomas, i chwythu bygythion a chelanedd yn y Wasg.

Wedi oedi anfaddeuol o hir, cyflwynodd y Comisiwn ddau Adroddiad terfynol tra gwahanol i'w gilydd o ran cynnwys, arddull a naws. Dogfen ffeithiol, brennaidd a disbonc oedd yr Adroddiad Cyntaf. Fe'i lluniwyd ar ran y Comisiwn gan Syr Arthur Rucker, gwas sifil llwyddiannus a chanddo nemor ddim cysylltiad â Chymru. Dadleuwyd o blaid diddymu'r Brifysgol ffederal er mwyn creu pedair prifysgol unedol ac, yn garn i'r ddadl honno, honnwyd bod y Colegau cyfansoddol yn rhy bell oddi wrth ei gilydd, fod yr anawsterau daearyddol yn rhwym o waethygu yn sgil cynnydd yn nifer y staff a'r myfyrwyr, fod llaw farw y Gofrestrfa a rheolaeth ganolog mor enbyd o araf a chymhleth fel na ellid hybu cynlluniau newydd, a chan mai'r

Colegau mwyach oedd yr elfennau mwyaf gweithredol a
dynamig ym mywyd y Brifysgol dadleuwyd ymhellach y
dylid caniatáu iddynt annibyniaeth lwyr. Dim ond senti-
mentaleiddiwch, meddent, oedd ymlyniad a theyrngarwch
y tystion a ddaeth ger eu bron i bleidio cyfundrefn genedl-
aethol unedig, ac aethpwyd mor bell â dweud y byddai
datgorffori'r Brifysgol yn sicr o ddigwydd rywbryd 'a'n
cred ni yw mai gwell ei ddod yn awr nag yn ddiweddarach'.
'Os yw Cymru', meddai'r Adroddiad yn herfeiddiol, 'am
wneud ei rhan yn gyflawn i ddiwallu ei hanghenion ei hun
am leoedd i fyfyrwyr, a hefyd anghenion y byd y tu allan,
rhaid iddi wneud hynny trwy bedair prifysgol annibynnol.'
Fel dadansoddiad o weinyddiaeth y Brifysgol a chynllun-
iau'r Colegau cyfansoddol yr oedd yr Adroddiad Cyntaf yn
ddi-fai, ond, fel y dywedodd golygydd *Barn*, yr oedd mor
ffeithiol oer a dideimlad fel yr ymdebygai i 'adroddiad ar
ffatri laeth neu'r rheilffyrdd'.

Gogwydd tra gwahanol a gafwyd yn yr Ail Adroddiad.
Dogfen frwd Gymreig a gynhyrchwyd gan Alwyn D. Rees,
pennaeth Adran Efrydiau Allanol, Coleg Prifysgol Cymru,
Aberystwyth, oedd hon, a cheid ynddi genadwri a heriai'r
Cymry i amddiffyn Prifysgol Cymru fel corff cenedlaethol
a oedd yn eiddo i'r genedl gyfan. Dadleuwr ac ymresymwr
craff a miniog oedd Alwyn D. Rees a gŵr na ellid ei dwyllo
trwy weniaith na'i lorio gan fygythiadau. Mynegai ei farn
yn gyhoeddus heb flewyn ar ei dafod a chyflwynodd ddadl
danbaid a chynhwysfawr o blaid diogelu Prifysgol unedig.
I raddau pell, sail hanesyddol a oedd i'w achos: honnodd
fod Prifysgol Cymru wedi bod yn 'ffynhonnell ysbrydiaeth
a balchder i genedlaethau o feibion a merched Cymru' a'i
bod yn 'annatodadwy ynghlwm wrth eu syniad am genedl-
igrwydd.' Soniwyd am falchder graddedigion yng ngraddau
Prifysgol Cymru a'r parch rhyngwladol a hawliai fel
Prifysgol genedlaethol. Cystwywyd dadffederalwyr am
feddwl am golegau Cymru fel petaent yn golegau taleithiol,
israddol Seisnig, ac am eu 'haerllugrwydd diddychymyg'

yn argymell gollwng rhan sylweddol a gwerthfawr o ened-
igaeth-fraint y Cymry. 'Daliwn ni', meddai cefnogwyr yr
Ail Adroddiad, 'fod y Brifysgol wedi dyfod allan o bair
ymchwiliad trylwyr â chlod mawr, ac na phrofwyd mo'r
ddadl dros ei datgorffori.'

Ymhlith aelodau'r Comisiwn yr oedd deuddeg Cymro
Cymraeg o blaid diogelu'r Brifysgol unedig. Gwelodd tri
Chymro, tri Phrifathro, tri athro prifysgol (pob un yn
Sais), a phum Sais arall a gyfetholwyd gan y Comisiwn yn
dda i argymell dryllio'r Brifysgol. Disgwylid i'r Prifathro
Thomas Parry, pennaeth Coleg Aberystwyth, ac yntau
wedi ei fagu ar draddodiadau diwylliannol gorau'r genedl
ac yn raddedig o Fangor, amddiffyn annibyniaeth y Brifysgol
genedlaethol. Ond nid felly y bu. Eisteddodd ar ben llidiart,
gan wrthod llofnodi'r naill Adroddiad na'r llall oherwydd
ni chredai fod cylch gorchwyl y Comisiwn yn gofyn am
argymhellion ac nid oedd gan yr aelodau yr arbenigedd
angenrheidiol i'w galluogi i fynegi barn ddoeth a chytbwys.

Diwrnod i'w hirgofio oedd 24 Ebrill 1964 i'r sawl a oedd
yn bresennol yng nghyfarfod Llys y Brifysgol yn Neuadd
Reardon Smith, Caerdydd. Cyflwynwyd argymhellion y
ddau Adroddiad a bu dadlau emosiynol, treiddgar a stormus
drwy gydol y prynhawn. Yn ddiau, arwr y dydd (yng
ngolwg pleidwyr ffederaliaeth) oedd yr Henadur Llewelyn
Heycock. Gan honni ei fod yn lleisio barn gwerin-bobl
Cymru, dywedodd: 'Ni ddylesid distrywio rhywbeth a fu'n
llwyddiannus am flynyddoedd er mwyn cyfarfod ag uchel-
gais rhai pobl.' Digiwyd y dadffederalwyr yn arw ond
pleidleisiodd y Llys, o fwyafrif ysgubol o ddeg pleidlais a
thrigain, dros gadw Prifysgol unedig. Hon, o bosib, oedd y
frwydr wleidyddol bwysicaf yn hanes y Brifysgol. Deil un
hanesydd mai brwydr ydoedd 'dros arwahander ac unig-
rywiaeth cenedl'.

Ar ryw olwg, serch hynny, gellid dadlau bod pleidwyr
Prifysgol ffederal genedlaethol wedi ennill y frwydr ond
colli'r rhyfel. Yn sgil Adroddiad Robbins tybid nad oedd

Prifysgol Cymru namyn rhyw estyniad taleithiol o brif-
ysgolion Lloegr a daeth ei Cholegau yn ffatrïoedd i gyn-
hyrchu graddedigion. Cychwynnwyd ar broses o ehangu
sylweddol iawn heb aros i ystyried beth oedd diben yr
ehangu a beth fyddai ei ganlyniadau. Tyfodd Prifysgol
Cymru megis llyffant Aesop, gan agor y drws yn llydan i
gyfran helaeth o fyfyrwyr a staff nad oeddynt yn Gymry.
Meddiannwyd prifathrawon y Colegau gan y chwilen
ehangu ac o ganlyniad daeth Prifysgol Cymru yn Brifysgol
a oedd yn darparu ar gyfer Saeson o Loegr yn hytrach nag
anghenion addysgol y genedl Gymreig. Rhwng 1938-9 a
1968-9 disgynnodd canran y myfyrwyr o Gymru yng
Ngholeg Aberystwyth o 93 y cant i 44 y cant, ym Mangor
o 91 y cant i 24 y cant, ac yng Nghaerdydd o 96 y cant i 40
y cant. Clywid yn gyson yn y chwedegau ymadroddion fel
'bradychu'r genedl', 'gwerthu treftadaeth' a 'chefnu ar y
pethe', a chafwyd digon o gyfle i'w hymarfer mewn
perthynas â'r Brifysgol. Yn wyneb y bygythiad hwn i'w
hunaniaeth a'u hunan-barch, penderfynodd myfyrwyr
ifainc a brwd ymgyrchu'n ddiflino yn erbyn yr ymchwyddo
afresymol a thros eu hiaith a'u treftadaeth. Fe'u hysbryd-
olwyd gan rybudd Saunders Lewis, yn ei ddarlith radio
enwog, *Tynged yr Iaith*, y byddai angen 'penderfyniad,
ewyllys, brwydro, aberth, ymdrech' er mwyn adfer y
Gymraeg i'w phriod le. Edmygent hefyd weledigaeth J. R.
Jones, Athro Athroniaeth Coleg Abertawe, ynglŷn â 'chadw
bychanfyd yr iaith Gymraeg yn fyw' er mwyn ei dros-
glwyddo yn dreftadaeth i'w plant a phlant eu plant. Gan
fod eu hiaith a'u hymwybod o'u cenedligrwydd mewn
perygl o ddiflannu dan eu dwylo, aeth myfyrwyr ati, gyda
sêl bendith Cymdeithas yr Iaith Gymraeg, i aflonyddu'n
ddi-drais ar weinyddiaeth y Colegau drwy gynnal gwrth-
dystiadau, ymprydiau, ralïau a gwylnosau. Dirwywyd a
charcharwyd amryw o fyfyrwyr—yn eu plith Geraint
Jones, Emyr Llywelyn, Ffred Ffransis ac Angharad Tomos
—am feddiannu ystafelloedd darlithio, peintio sloganau,

30 'Statws Lawn i'r Iaith ar Unwaith': un o sloganau poblogaidd myfyrwyr Prifysgol Cymru yn y 1960au.

malu eiddo a llosgi dogfennau uniaith Saesneg. Brithid eu protestiadau â baneri yn dwyn y geiriau 'Mawredd nid Mawrdra' a 'Welsh Not ar y Bryn'.

Yn hwyrfrydig ac weithiau'n gwbl groes-graen, dechreuodd awdurdodau'r Colegau fabwysiadu polisi gweinyddol dwyieithog, sefydlu neuaddau preswyl Cymraeg, ac ehangu'r defnydd o'r Gymraeg fel cyfrwng dysgu. Yn sgil sefydlu ym 1962 Fwrdd y Brifysgol ar gyfer dysgu drwy gyfrwng y Gymraeg penodwyd cnwd o ddarlithwyr, yn Aberystwyth a Bangor yn bennaf, i ddysgu cyrsiau mewn ystod llawer ehangach o bynciau. O 1964-5 ymlaen daeth Neuadd Gregynog yn ganolfan ddiwylliannol a chymdeithasol boblogaidd ar gyfer cyrsiau i staff a myfyrwyr fel ei gilydd, a phan sefydlodd Prifysgol Cymru'r Ganolfan Uwchefrydiau Cymreig a Cheltaidd ym 1985 ychwanegwyd sefydliad arall at gyrff megis Bwrdd Gwybodau Celtaidd Cymru, Gwasg Prifysgol Cymru ac Urdd y Graddedigion sy'n cyfoethogi treftadaeth ddiwylliannol Cymru. Serch hynny, o ganlyniad i'r cyfnewid sylweddol ym maint a theithi'r Brifysgol, lledodd y bwlch rhyngddi a'r Gymru Gymraeg yn ddirfawr.

Erbyn diwedd y 1970au, daethai'r ehangu i ben a bu'n wasgfa gyson ar y prifysgolion o 1979 ymlaen. Taflodd Thatcheriaeth gwmwl marwol dros Brifysgol Cymru. Tociwyd yn ddifrifol ar ei chyllid a'i siarsio i fod yn eithriadol ddarbodus. Bu bron i Goleg Caerdydd suddo'n fethdalwr dan y dŵr, ac ym mhob Coleg gweithredwyd rheolaeth gyllidol lem iawn. Yn sgil y galw croch am 'resymoli', diddymwyd adrannau a phynciau megis athroniaeth, astudiaethau crefydd, cerdd a'r clasuron a thociwyd ar nifer y staff academaidd a chynorthwyol. Yn ei dro arweiniodd hyn at alw taer unwaith yn rhagor am gryfhau annibyniaeth y Colegu ar draul undod y Brifysgol. Ymatebodd y Brifysgol yn gyflym drwy sefydlu ym mis Tachwedd 1987 Weithgor ar Bwerau a Swyddogaethau'r Brifysgol dan gadeiryddiaeth Syr Goronwy Daniel. Lluniwyd Adroddiad campus, yn annog y Colegau i gydweithredu'n effeithlon ac i 'sefyll fel un' yn wyneb bygythiadau allanol, ac fe'i cymeradwywyd gan Lys y Brifysgol ym mis Hydref 1989. Ond tanseiliwyd Adroddiad Daniel ymhen fawr o dro. Pan basiwyd Deddf Addysg Bellach ac Uwch ym 1992, dilewyd y llinell ddeuol a wahanai'r colegau politechnig a'r athrofeydd addysg oddi wrth yr 'hen' brifysgolion, a sefydlwyd Cyngor Cyllido Addysg Uwch yng Nghymru, Lloegr a'r Alban. Dan arweiniad Syr Aubrey Trotman-Dickenson, Prifathro Coleg Caerdydd, ymddangosodd carfan gref a dylanwadol o wrthffederalwyr a oedd yn benderfynol o ddarnio'r Brifysgol a sicrhau hawl pob Coleg unigol i weithredu ar ei ben ei hun. Yn wyneb y bythygiad hwn, ym mis Mawrth 1992 sefydlwyd Gweithgor Rosser gan Gyngor y Brifysgol i ailystyried argymhellion Adroddiad Daniel yng ngoleuni'r newidiadau mewn deddfwriaeth ac ariannu addysg uwch er 1989. Paratowyd adroddiad cynhwysfawr ar sail yr egwyddor o 'greu ysbryd o bartneriaeth' ac amser yn unig a ddengys a fydd Adroddiad Rosser yn llwyddo i dynhau'r cylymau sy'n dal y Colegau ynghyd o fewn Prifysgol unedig.

'Dyletswydd pob Cymro', meddai Syr O. M. Edwards, warden cyntaf Urdd y Graddedigion, 'yw parchu a chredu ym Mhrifysgol ei fam-wlad.' Ni fyddai'r un Cymro neu Gymraes dwymgalon yn amau'r gosodiad hwnnw, ond ni ellir amau ychwaith nad yw'r Brifysgol, yn sgil y twf aruthrol diweddar yn nifer y myfyrwyr—dros 33,000 erbyn 1994—a'r cynnydd yn nifer y staff di-Gymraeg, wedi ymbellhau cymaint oddi wrth bobl Cymru fel y mae'n llawer anos heddiw i ymuniaethu â hi. Pan sefydlwyd y Brifysgol dros gan mlynedd yn ôl, y nod oedd creu corff cenedlaethol a fyddai'n gwasanaethu Cymru ac yn diwallu anghenion ei phobl. A ellir dweud mwyach, fel y gwnaeth Alwyn D. Rees ym 1964, fod Prifysgol Cymru yn 'symbol o undod y genedl ac yn wrthrych teyrngarwch miloedd lawer o Gymry'?

DARLLEN PELLACH

R. I. Aaron, 'Dylanwad y Brifysgol ar Feddwl Cymru', *Efrydiau Athronyddol*, XXXVII (1974).

E. L. Ellis, *The University College of Wales, Aberystwyth, 1872-1972* (Caerdydd, 1972).

D. Emrys Evans, *The University of Wales* (Caerdydd, 1953).

Geraint H. Jenkins, *Prifysgol Cymru 1893-1993. Hanes Darluniadol* (Caerdydd, 1993).

Gwyn Jones a Michael Quinn goln., *Fountains of Praise. University College Cardiff, 1883-1983* (Caerdydd, 1983).

D. Tecwyn Lloyd, 'Cyfraniad y Brifysgol i Wleidyddiaeth', *Efrydiau Athronyddol*, XXXVII (1974).

D. T. W. Price, *A History of Saint David's University College, Lampeter* (2 gyfrol, Caerdydd, 1977, 1990).

J. Gwynn Williams, *The University College of North Wales. Foundations 1884-1927* (Caerdydd, 1985).

J. Gwynn Williams, *University and Nation: 1893-1939* (Aberystwyth, 1992).

J. Gwynn Williams, *The University Movement in Wales* (Caerdydd, 1993).

HANES TWF PLAID CYMRU 1925-1995

Gwynfor Evans

*Gan i Dduw eich gwneuthur yn genedl,
ymgedwch yn genedl.*

Emrys ap Iwan

Pan sefydlwyd Plaid Genedlaethol Cymru, y blaid anni-bynnol gyntaf yn hanes Cymru, gan y chwech a ddaeth ynghyd ym Mhwllheli ar 5 Awst 1925, yr oedd pwysau cenedlaetholdeb Prydeinig, a atgyfnerthwyd gymaint gan y Rhyfel Byd Cyntaf, wedi hen ddileu olion cenedlaethol-deb Cymru Fydd, ac yn wir pob Cymreictod ymosodol. Dywed Kenneth O. Morgan fod etholiad cyffredinol Rhagfyr 1918 wedi ei ymladd mewn awyrgylch o iwfforia Prydeinig heb ei fath, hyd yn oed yn ystod rhyfel y Bŵr. Erbyn etholiadau 1922, 1923 a 1924, nid amlygwyd dim ymwybyddiaeth o genedligrwydd Cymru gan y pleidiau Prydeinig. Drych o'r sefyllfa Gymreig oedd ffiasgo'r gyn-hadledd genedlaethol a alwyd yn Amwythig yng ngwanwyn 1922 i hyrwyddo ymreolaeth. Ymadawodd yr hanner cant a ddaeth ynghyd mewn anhrefn, heb gytuno ar ddim. Yn y sefyllfa hon gallai'r llywodraeth anwybyddu Cymru yn ddirmygus heb bryder. A dyna a wnaeth. Yn y degadau rhwng y rhyfeloedd, ni roes y llywodraeth yr un consesiwn a gydnabyddai fodolaeth cenedl wahanol i Loegr yma. Mae'n debyg y buasai'r agwedd hon wedi parhau hyd heddiw oni bai am sancsiwn cenedlaetholdeb Cymreig.

Adlewyrchwyd cymeriad y blaid fach newydd gan ansawdd ei harweinwyr cynnar a natur ei haelodaeth. Yr oedd unplygrwydd eu teyrngarwch i Gymru yn ffenomenon newydd mewn gwleidyddiaeth Gymreig. H. R. Jones, cyn chwarelwr, oedd ei gwir sylfaenydd, gŵr ifanc 'a Chymru yn ei galon', meddai Saunders Lewis. Efe a gychwynnodd *Y Ddraig Goch*, misolyn y Blaid, gyda chymorth Prosser Rhys, ac efe a sefydlodd yr ysgol haf a brofodd ei gwerth addysgol a chymdeithasol am ugeiniau o flynyddoedd. Gallai adrodd ar ddiwedd yr ail flwyddyn fod gan y Blaid 424 o aelodau, trigain a phump ohonynt yn chwarelwyr, hanner cant yn ffermwyr, deg a thrigain yn fyfyrwyr a phump ar hugain yn weinidogion. Dyna'r cwmni a heriai imperialaeth Brydeinig yng Nghymru ym 1927! Er mai

155

Lewis Valentine oedd ei llywydd cyntaf, Saunders Lewis
fu'r prif arweinydd o'r dechrau. Fe'i hetholwyd yn llywydd
yn yr ysgol haf gyntaf ym Machynlleth ym 1926; yno y
traddododd ei ddarlith anghyffredin o rymus ar 'Egwydd-
orion Cenedlaetholdeb'.

Prin y gallasai'r amgylchiadau fod yn anos i blaid
Gymreig newydd. A thair plaid Brydeinig fawr wedi hen
ymwreiddio yn y tir, bu'n rhaid iddi wynebu dirwasgiad
creulon a welodd ddiweithdra ymhlith dynion Cymru yn
codi i 42.8 y cant ym 1932, ac wedyn bron chwe blynedd
o ryfel. Ym 1929 mentrodd i'r maes etholiadol. Safodd
Lewis Valentine yn sir Gaernarfon. Y polisi ped enillai
oedd iddo beidio â mynd i'r Senedd. Nid oedd dim perygl
ennill. 609 pleidlais a gafodd, 1.6 y cant o'r pôl. Ymladdodd
y Blaid y sedd ddwywaith yn y tridegau gyda'r Athro J. E.
Daniel, a ddeuai'n llywydd ym 1939, yn ymgeisydd.
Enillodd 1,136 pleidlais, tri y cant, ym 1931 a 2,534, 6.9 y
cant, ym 1935; dyna oedd cyfanswm pleidleisiau'r Blaid
yn yr etholiad cyffredinol olaf cyn y rhyfel. Cymharer y
29,517 pleidlais a gafodd yr SNP yn yr Alban.

Am bum mlynedd yr iaith Gymraeg, a oedd yn gwbl
ddistatws mewn addysg a chyfraith, oedd prif faes gweith-
garwch y Blaid. Anelai ei phrif arweinwyr at Gymru
uniaith Gymraeg. Ond yn y tridegau datblygwyd polisïau
politicaidd ar sail pamffled Saunders Lewis, *Save Wales by
Political Action*. Ar gynnig D. J. Davies, cyn-löwr ac un o'r
cwmni lluosog a ddaethai i'r Blaid Genedlaethol o'r Blaid
Lafur Annibynnol, cymerodd gam o bwys mawr ym 1931
wrth fabwysiadu statws dominiwn fel polisi cyfansoddiadol.
Parhaodd safle cenedlaethol tebyg i hyn, nid annibyniaeth,
yn nod iddi trwy'r blynyddoedd.

D. J. Davies hefyd oedd prif luniwr ei pholisïau econ-
omaidd. Ychwanegwyd at hyder cenedlaetholwyr gan
Can Wales Afford Self-government a ysgrifennodd ar y cyd
gyda'i wraig o Wyddeles, Dr. Noelle Davies. Wedyn cryn-
hôdd ei syniadau, a seiliwyd ar gydweithrediad a datganoli

gallu, yn ei lyfryn *The Economics of Self-government*, a manylodd arnynt yn *Towards an Economic Democracy*. O ddechrau'r tridegau creu gweriniaeth gydweithredol oedd yr amcan. Ymdebygai hyn i'r Sosialaeth Gild a ddatblygwyd gan G. D. H. Cole, ond yr oedd yn dra gwahanol i sosialaeth wladwriaethol a chanoliaethol y Blaid Lafur. Fe'i cefnogwyd yn llwyr gan Saunders Lewis; sosialaeth Farcsaidd a wrthwynebai ef. Dau ddatblygiad arall a hyrwyddwyd gan D. J. Davies oedd symud swyddfa'r Blaid o Gaernarfon i Gaerdydd a sefydlu misolyn Saesneg, *The Welsh Nationalist*, a alwyd wedyn yn *Welsh Nation*. Pan symudodd y swyddfa symudodd J. E. Jones, y prif drefnydd, hefyd. Gwnaeth ef fwy na neb i ddal y Blaid ynghyd am genhedlaeth gyfan, gydag Elwyn Roberts, darn o gadernid Gwynedd, wrth ei gefn wedi'r rhyfel.

Ym maes tra dylanwadol y radio y cafodd y Blaid ei llwyddiant cynnar pwysicaf. Am flynyddoedd adlewyrchai'r cyfrwng hwn agwedd sarhaus y sefydliad Prydeinig at Gymru. Bum mlynedd ar ôl sefydlu'r BBC ym 1922 yr unig Gymraeg ar y radio oedd yr hanner awr a ddarlledid unwaith yr wythnos o Ddulyn gan Radio Eireann. Pan alwodd y cenedlaetholwyr am wasanaeth Cymraeg cawsant yr ateb hwn gan E. R. Appleton, cyfarwyddwr Rhanbarth Orllewinol y BBC ym Mryste:

> Wales, of its own choice, is a part of the British Commonwealth of Nations, whose official language is English . . . for the important task of broadcasting it was natural that the official language should alone be used . . . To use the ancient languages regularly— Welsh, Irish, Gaelic and Manx—would be either to serve propaganda purposes or to disregard the needs of the greatest number in the interests of those who use the languages for aesthetic or sentimental reasons rather than for practical purposes . . . If the extremists, who want to force the Welsh language on the listeners

of the region, should get their way, the official language
would lose its grip.

Wedi methu argyhoeddi'r cenedlaetholwyr fod rhaglenni
Cymraeg yn annerbyniol mynnodd y BBC fod anawsterau
technegol yn gwneud eu darlledu yn amhosibl. Cyhoeddodd
y Blaid gynllun gan arbenigwr a brofodd mai ffwlbri oedd
hyn. Cefnogwyd ei hymgyrch gan fwyafrif cynghorau lleol
Cymru, ac ym 1933 dygwyd pwysau trwm Pwyllgor
Ymgynghorol Prifysgol Cymru, y perthynai Lloyd George
iddo, wrth ei chefn. Ddwy flynedd yn ddiweddarach
creodd y BBC Ranbarth Cymru. Parhaodd y Blaid i bwyso
trwy'r degadau nesaf am gorfforaeth radio Gymreig, gan
roi tystiolaeth o'i phlaid gerbron Comisiynau Beveridge a
Pilkington. Yr hyn a gafwyd oedd mesur o ymreolaeth
ffederal ac ar sail hynny y datblygodd y gwasanaeth
rhagorol sydd i'w gael er 1977 ar Radio Cymru a Radio
Wales.

Llosgi'r ysgol fomio ym 1936 a roes y Blaid ar fap
Cymru. Yr oedd dirfawr angen am ganolfannau a roddai
hyfforddiant yng nghrefft bomio o ganlyniad i'r pwyslais
ar fomio o'r awyr yn y rhaglen ailarfogi. Un o'r canolfannau
a ddewiswyd oedd Abbotsbury yn ne Lloegr; yr oedd un
arall yn Northumberland. Gwrthwynebwyd y naill yn
llwyddiannus am fod maes bridio eleirch gerllaw, a
thynnwyd y cynllun gogleddol yn ôl am ei fod yn ymyl
Lindisfarne, lle a chanddo gysylltiadau hanesyddol â Sant
Cuthbert. Pan gyhoeddodd y Weinyddiaeth Awyr ei bwriad
i sefydlu maes awyr a gwersyll yn Llŷn, cododd y Blaid
wrthwynebiad cenedlaethol, a hynny am ddau reswm. Un
oedd amcan y sefydliad. Yn y tridegau gwrthwynebai'r
Blaid, a fu'n wrth-filitaraidd ar hyd ei hanes, fomio o'r
awyr, a hynny'n gryf. Cyfyngodd Lewis Valentine ei
amddiffyniad yn Llys Caernarfon i'r rheswm hwn.

Ail sail y gwrthwynebiad oedd bod y fangre 'y rhan
santeiddiaf o ddaear Cymru sy'n bod', ar Ffordd y Perer-

inion a arweiniai i Ynys Enlli, gorweddfan llu o saint, a
chaer iaith a diwylliant hynafol Cymru. Ymunodd dros fil
a hanner o gyrff cyhoeddus yn y gwrthwynebiad. Daeth
saith mil i'r cwrdd protest ym Mhwllheli. Gyda chefnog-
aeth rhai o Gymry amlycaf y dydd, pwysodd yr Archesgob
McGrath ar y Prif Weinidog i dderbyn dirprwyaeth.
Gwrthododd. Anfonwyd llythyr i'r *Times* a lofnodwyd
gan ddegau o arweinwyr Cymru. Gwrthodwyd ei gyhoeddi.
Yr oedd hyn oll yn gyson ag agwedd drahaus y sefydliad
Prydeinig at Gymru. Gan ofalu na châi neb niwed, gweith-
redodd cwmni o bobl. Ar ôl rhoi pentyrrau o goed ar dân,
gosododd Saunders Lewis, D. J. Williams a Lewis Valentine
eu hunain yn nwylo'r heddlu. Yn Llys Caernarfon methodd
y rheithgor â chytuno. Yn yr Old Bailey dedfrydwyd y tri
i naw mis o garchar. Dangoswyd, meddai'r *Ddraig Goch*,
fod 'Cymru yn wlad y gellid dioddef drosti yn ogystal ag
elwa arni'. Pan ryddhawyd y tri o garchar Wormwood
Scrubs cawsant groeso anghymharol mewn cyfarfod o

31   Daeth deuddeng mil o bobl ynghyd yng Nghaernarfon ym mis Medi 1937
     i groesawu Saunders Lewis, Lewis Valentine a D. J. Williams.

ddeuddeng mil yng Nghaernarfon. Am ysbaid fach ymddangosai fod eu haberth wedi deffro Cymru, ond buan y gwelwyd nad oedd gan y Blaid yr adnoddau i fedi cefnogaeth eang. Gwnaethpwyd camsyniadau hefyd. Er enghraifft, galwodd yr Athro W. J. Gruffydd, yn rhinwedd ei swydd yn is-lywydd gweithredol y Blaid pan oedd y tri yn y carchar, am foicotio'r coroni. Mewn gwlad a fu'n dwlu ar y goron Seisnig, yr oedd hyn yn ffolineb o'r mwyaf.

Gweithred fawr y flwyddyn cyn y rhyfel oedd Deiseb yr Iaith. Galwodd cynhadledd y Blaid yn Y Bala 1937 am safle swyddogol i'r Gymraeg; ond Undeb y Cymdeithasau a drefnodd gynhadledd y flwyddyn ganlynol, yn ystod Eisteddfod Genedlaethol Caerdydd, i drefnu deiseb i alw am y safle hwnnw. Gofalodd J. E. Jones am y trefniadau cychwynnol a chenedlaetholwyr a ddygodd y baich o gasglu enwau pan benodwyd Dafydd Jenkins yn drefnydd amser-llawn. Camp orchestol oedd casglu pedwar cant a hanner o filoedd o enwau cyn i'r rhyfel roi terfyn ar y gwaith. Fe'u hanwybyddwyd gan y llywodraeth.

Disgwyliwyd yn gyffredinol i'r rhyfel roi pen ar y Blaid Genedlaethol. Ofnai Saunders Lewis ei hun hynny. Gan wybod y câi holl adnoddau anferth Prydain Fawr eu crynhoi, fel yn achos y Rhyfel Byd Cyntaf, i amddiffyn bywyd Lloegr, credai'r cenedlaetholwyr mai eu priod ddyletswydd hwy oedd gwneud a fedrent i warchod bywyd y genedl Gymreig. Nid oedd neb arall a wnâi hynny pan gâi'r bobl eu hysgubo i'r ymdrech ryfel gan don anorfod o Brydeindod emosiynol. Datganwyd eu safbwynt, a ystyrid yn fradwrus gan garn y Cymry Prydeinig, yn eglur gan ddeg ar hugain a safodd yn erbyn gorfodaeth filwrol ar dir cenedlaetholdeb; carcharwyd pymtheg. Am flwyddyn neu ddwy yr oedd sefyllfa'r Blaid yn bur dywyll, gyda chynhadledd y flwyddyn gyntaf a'r ail yn cael eu cynnal yng nghaban bach yr Urdd yn Aberystwyth. Ond dangosodd llewyrch cynhadledd ac ysgol haf Llanbedr Pont Steffan 1942 ei bod yn dechrau cael ei thraed dani.

Gwelodd misoedd cyntaf y rhyfel yr angen am amddi-
ffynwyr pan gyhoeddodd y Swyddfa Ryfel ei bwriad i
ddwyn 65,000 erw o Fynydd Epynt i greu maes tanio. Er i
Undeb Cymru Fydd a'r Blaid wrthwynebu hyd eithaf eu
gallu, taflwyd teuluoedd trigain fferm o'u cartrefi, gan
chwalu cymuned Gymraeg a symud ffin yr iaith ym
Mrycheiniog tua deng milltir i'r gorllewin. Cafodd dau o
deuluoedd Epynt ffermydd yn Llanddeusant, sir Gaer-
fyrddin. Ychydig wedi hynny dygwyd y ddau ffermwr
gerbron eu gwell yn llys bach Llangadog. Taflodd yr achos
olau llachar ar safle'r Gymraeg. Gofynnodd y diffynyddion
am gael rhoi eu tystiolaeth yn Gymraeg. Cytunodd y
clerc, ond gan mai Saesneg oedd iaith swyddogol y llys
galwyd am wasanaeth y cyfieithydd arferol. Ar ddiwedd yr
achos dywedwyd wrth y diffynyddion y byddai raid iddynt
dalu am y gwasanaeth. Yn llys porthladd Y Barri gwelsid
morwyr o Arabiaid a Groegiaid di-Saesneg yn derbyn
gwasanaeth cyfieithydd. Ni ofynnid iddynt dalu dimai.
Byddai hynny'n enbyd o anghyfiawn. Dim ond Cymro a
oedd yn gorfod talu am wasanaeth cyfieithydd, a hynny er
mwyn siarad ei iaith ei hun yn ei wlad ei hun. Codais y
mater yng nghyngor Undeb Cymru Fydd gan ei gydio wrth
Ddeiseb yr Iaith. Cyfarfu pump ohonom â phump Aelod
Seneddol Cymreig yng Nghaerdydd. Y ffrwyth pitw oedd
Deddf y Llysoedd 1942 a roes i Gymro uniaith yr hawl i
siarad Cymraeg mewn llys barn Cymreig heb orfod talu.

Er bod Saunders Lewis wedi ymddeol o'r llywyddiaeth
ym 1939, pan etholwyd J. E. Daniel, parhaodd i roi arwein-
iad trwy erthyglau disglair Cwrs y Byd yn *Y Faner*, papur
a fu'n dŵr o nerth i genedlaetholdeb, dan olygyddiaeth
Prosser Rhys ac wedyn Gwilym R. Jones, ar ôl i Kate
Roberts a Morris Williams ei brynu. Safodd Saunders
Lewis yn is-etholiad chwerw-fywiog sedd y Brifysgol ym
1943. Brwydr oedd hon rhwng cenedlaetholdeb Cymreig
a'r sefydliad Prydeinig, y safai W. J. Gruffydd drosto fel

Rhyddfrydwr. Cafodd Gruffydd 3,098 pleidlais, Lewis 1,330.

Amlygwyd adferiad nerth y Blaid yn ei hymgyrchoedd, megis dros y diwydiant alcam ac yn erbyn trosglwyddo ei weithwyr ef ac eraill wrth y miloedd i Loegr. Gwrthsafodd ymosodiadau chwyrn gan Dr. Tom Jones, Syr Emrys Evans a'r Parchedig Gwilym Davies. Er nad oedd ganddi gangen yn sir Gaerfyrddin, ar ddiwedd y rhyfel yr oedd yn gryfach ac mewn gwell ysbryd yn genedlaethol nag yr oedd chwe blynedd yn gynt. Adlewyrchwyd hyn yn y ddau is-etholiad a ymladdodd ym 1945, fisoedd cyn i'r rhyfel orffen, pan barhâi'r cadoediad rhwng y pleidiau Prydeinig. Ym mwrdeistref Arfon enillodd J. E. Daniel 6,844 pleidlais (24.8 y cant) a chafodd Wynne Samuel 6,290 pleidlais yng Nghastell-nedd. Yn yr etholiad cyffredinol yng Ngorffennaf ymladdwyd saith sedd ac ennill 16,417 o bleidleisiau. Sail ei pholisi etholiadol oedd awdurdod datblygu economaidd tebyg i Awdurdod Dyffryn Tennessee a fu mor drawiadol o lwyddiannus dan lywodraeth Roosevelt.

Ddyddiau ar ôl cynhadledd Llangollen ym 1945, lle deuthum yn llywydd, gollyngwyd y bom niwcliar ar Hiroshima a nododd oes newydd yn hanes y ddynoliaeth. O hynny ymlaen taflodd y cenedlaetholwyr eu pwysau yn unol a dibaid dros ddiarfogi niwcliar. Parhaodd twf y Blaid. Enillodd Trefor Morgan 30 y cant o'r bleidlais mewn is-etholiad yn Ogwr ym Mehefin 1946, a chafodd Wynne Samuel 7,090 (20 y cant) yn Aberdâr ym mis Rhagfyr. Prif arf y Blaid o'r tridegau ymlaen oedd cynnal cyfarfodydd, cyrddau awyr-agored yng nghymoedd y glo— trefnodd Olifer J. Evans gannoedd—a chyrddau dan do yng ngweddill y wlad, a thynnai'r rhain gynulliadau niferus bron yn ddi-feth cyn i deledu eu difa.

Ni wyddai'r un llywodraeth yn well na llywodraeth y Deyrnas Unedig am rym potensial cenedlaetholdeb. Pan welodd fod cenedlaetholdeb Cymreig yma i aros, a bod arwyddion cynnydd, dechreuodd wneud consesiynau i rwystro ei dwf, rhai truenus o bitw i ddechrau: Dydd Cymreig yn y Senedd, Cyngor Ymgynghorol (dan gadeiryddiaeth H. T. Edwards, a ymddeolodd yn ddiweddarach ac ymuno â Phlaid Cymru am na weithredodd y llywodraeth ar un o'i adroddiadau); Gweinidog Materion Cymreig ynghlwm wrth y Swyddfa Gartref; cydnabod Caerdydd yn brifddinas. Er lleied y rhain, yr oeddynt yn arwyddocaol; trwyddynt dechreuai'r llywodraeth gydnabod bodolaeth cenedligrwydd Cymru. Cynyddai'r gydnabyddiaeth gyda chynnydd nerth cenedlaetholdeb. Oni bai am Blaid Cymru prin y buasai Cymru wedi gweld dim oll o'r datblygiad hwn; mae'n debyg y buasai'r sefyllfa rhwng y rhyfeloedd wedi parhau'n ddi-dor, gan adael cyflwr Cymru heddiw yn debyg i'r hyn a geir yn Llydaw.

Bu dau ddigwyddiad o bwys i'r Blaid ym 1949. Un oedd ymadawiad y Gweriniaethwyr, a fu'n gwerthu eu cylchgrawn *The Welsh Republican* yn ddyfal yn y cymoedd diwydiannol am bum mlynedd. Yn Ogwr yr ymladdasant eu hunig etholiad, pryd y cafodd Ithel Davies 613 pleidlais (1.3 y cant). Pan ddaeth y mudiad i ben dychwelodd rhai, gan gynnwys Harri Webb a Cliff Bere, i Blaid Cymru; aeth eraill, megis Gwilym Prys Davies, i'r Blaid Lafur. Y digwyddiad arall oedd cynnal y rali flynyddol gyntaf, ym Machynlleth. Mewn ymgais i blannu'r syniad o senedd yn y meddwl cyhoeddus, arddelai'r slogan obeithiol 'Senedd i Gymru mewn Pum Mlynedd'. Tynnodd gryn sylw. Gyda seindorf ar y blaen ac yn y canol ymestynnai'r orymdaith o un pen y dref i'r llall. Ym 1949 hefyd cefais fy ethol ar gyngor sir Gaerfyrddin, yr unig gynghorydd yng Nghymru (ac eithrio Wynne Samuel) yn enw'r Blaid.

Am chwe blynedd wedi'r rhyfel sugnodd y frwydr dros dir a chymuned, a enillodd gydymdeimlad trwy Gymru, lawer o egni cenedlaetholwyr. Amlygwyd maint y broblem gan ateb Attlee, y Prif Weinidog, i gwestiwn seneddol. Daliai adrannau rhyfel y llywodraeth, meddai, 500,940 cyfer o ddaear Cymru, deirgwaith cymaint ag yn yr Alban a phymtheng ngwaith cymaint ag yng Ngogledd Iwerddon. Ar lan Llyn y Fan Fach, wrth odre Cadair Arthur, y bu'r cyfarfod mwyaf lliwgar, yng nghanol mis Ionawr 1947. Diolch i Keidrych Rhys, cafodd sylw eang; bu'n brif nodwedd rhifyn canlynol *Picture Post* a werthai filiwn o gopïau. Ymadawodd y Swyddfa Ryfel â'r fro ymhen dwy flynedd, er parhau i ddal afael ar Epynt ychydig i'r dwyrain. Y gweithgareddau a gafodd y cyhoeddusrwydd mwyaf fu gwarchae gwersyll milwrol Trawsfynydd am ddau ddiwrnod. Arweiniodd hyn at ymchwiliad cyhoeddus ac ennill y dydd eto.

Gyda chefnogaeth Cyngor Diogelu Cymru Wledig, trefnodd y Blaid rali yn ymyl Llyn Gwynant, rali o 1,500 o bobl a gyfrannodd at rwystro bwriad y Bwrdd Trydan i greu gorsaf heidro-drydan enfawr a fuasai gyda'i chymhleth o bibau, peilonau ac adeiladau wedi anrheithio'r wlad gyfareddol yno. Polisi'r Comisiwn Coedwigo oedd y targed nesaf. Ym 1950 cyhoeddodd gynllun ysgeler a amlygai eto agwedd y sefydliad Prydeinig at Gymru. Gosod dros filiwn o aceri o ddaear Cymru dan goed oedd y cynllun, a'r cam cyntaf oedd dwyn 40,000 o erwau gwlad Tywi uchaf. Uchafbwynt ymgyrch y Blaid oedd rali fawr ar safle trawiadol dair milltir uwchlaw Rhandir-mwyn lle disgynna rhaeadrau Doethie dros y creigiau i afon Tywi yng ngolwg ogof Twm Siôn Cati. Unwaith eto bu'r ymdrech yn llwyddiannus ar ôl ymchwiliad cyhoeddus.

Dymunai'r Blaid gael ymgyrch amhleidiol dros senedd. Undeb Cymru Fydd a wnaeth hynny'n bosibl trwy alw cynhadledd yn Llandrindod ym 1950 a'r gynhadledd honno a gychwynnodd yr Ymgyrch Dros Senedd i Gymru. Megan Lloyd George oedd y llywydd, a hi oedd prif atyniad y cyrddau cyhoeddus. Cafwyd neuaddau gorlawn mewn llefydd fel Merthyr, Dowlais, Aberdâr, Treorci ac Ystradgynlais. Fel gyda deiseb yr iaith cyn y rhyfel, cenedlaetholwyr a ddygodd y baich o gasglu enwau i'r ddeiseb dros senedd. Ymhen dwy flynedd rhyddhaodd y Blaid Elwyn

32 Protest Llyn y Fan Fach, Ionawr 1947. Y pennawd yn y *Picture Post* oedd 'War Office Land Grab: Wales Protests'.

33　Rali Ymgyrch dros Senedd i Gymru, Blaenau Ffestiniog 1950.

Roberts a'i ddawn drefnu ddihafal at wasanaeth y mudiad, ac am dair blynedd ei egni ef a'i gyrrodd. Trefnodd y Blaid rali fawr yng Nghaerdydd i'w gefnogi. Casglwyd yn agos i chwarter miliwn o enwau i'r ddeiseb a gyflwynwyd i Dŷ'r Cyffredin gan Goronwy Roberts.

Mae'n ddiau i'r Ymgyrch Dros Senedd gyfrannu at berfformiad gwell Plaid Cymru yn etholiad 1955. Cawsai ei saith ymgeisydd gyfanswm o 17,580 pleidlais ym 1950, a phedwar ymgeisydd gyfanswm o 10,920 ym 1951. Cyfanswm pleidleisiau un ar ddeg ymgeisydd 1955 oedd 45,119, cyfartaledd o bedair mil y sedd. Mewn is-etholiad yn Aberdâr y flwyddyn flaenorol cawswn 16 y cant o'r bleidlais, gan fwrw'r Tori, Michael Roberts, i'r trydydd lle. Yn ystod yr ymgyrch yn erbyn gorfodaeth filwrol a oedd ar droed yr adeg honno dedfrydwyd Chris Rees i ddeuddeg mis o garchar am sefyll fel cenedlaetholwr yn erbyn consgripsiwn. Pan oedd yn y carchar bu'n ymgeisydd yn etholaeth Gŵyr, gan ennill 4,101 pleidlais (10.6 y cant). Cafodd Waldo Williams, ymgeisydd y Blaid ym Mhenfro, hefyd ei garcharu am ei safiad ar ôl i'r beilïod ddwyn ei holl gelfi.

Defnyddiai'r Blaid ei chyfnodolion yn effeithiol yn ail ran y pumdegau. Cododd cylchrediad y *Welsh Nation* i ddeng mil am gyfnod, yn bennaf trwy werthiant ar y strydoedd ac mewn tafarnau. Am chwe mis yn ystod golygyddiaeth hir Dr. Tudur Jones cyhoeddwyd y *Welsh Nation* yn wythnosol.

Profodd 1959 yn flwyddyn allweddol. Ni chyfrannodd dim yn fwy at hyn nag ymgyrch Tryweryn, ymgyrch fwyaf dylanwadol y Blaid. Yr oedd tri pheth yn y fantol, sef bywyd cymuned Gymraeg ddiwylliedig, rheolaeth dros adnoddau naturiol Cymru—dŵr a thir yn yr achos hwn—a hawl y Cymry i benderfynu eu tynged eu hunain. Pan gyhoeddodd dinas Lerpwl ei phenderfyniad i foddi Cwm Tryweryn sefydlwyd pwyllgor amddiffyn yn Y Bala yn union yn nechrau 1956 gydag Elisabeth Watcyn Jones,

34   Llwyd o'r Bryn ac R. E. Jones ymhlith y protestwyr yn erbyn boddi Cwm Tryweryn.

brodor o Gwm Celyn, yn ysgrifennydd tra rhagorol. Cydweithredwyd yn glòs â'r Blaid o'r dechrau cyntaf, ac yr oedd hynny'n haws am fy mod ym ymgeisydd ym Meirionnydd. Er bod Lerpwl eisoes yn cael o Lyn Llanwddyn ei gwala o ddŵr ar gyfer ei chartrefi a'i diwydiannau, ac er ei bod yn gallu gwerthu llawer er elw mawr, cyhuddwyd y cenedlaetholwyr o fynnu cadw ei thrigolion heb ddŵr yfed. Meddai Henry Brooke, y Gweinidog Materion Cymreig, a gefnogodd Lerpwl bob cam o'r ffordd: 'I cannot believe that the Welsh people want to stand outside the brotherhood of man to that extent.'

Bu gwrthwynebiad trigolion y cwm yn ddi-sigl. Pa bryd y gwelwyd holl aelodau cymuned wledig yn gorymdeithio trwy ddinas fawr fel y gwnaethant drwy Lerpwl, a theithio wedyn i stiwdio Granada ym Manceinion i fynegi eu gwrthwynebiad ar y sgrin yn nyddiau cynnar teledu? Cynhaliwyd llu o gyrddau cyhoeddus, rhai yn Lerpwl, un yn Senedd Westminster, a rali ar lannau Tryweryn. Mewn ymateb i apêl y Blaid datganodd 1,055 corff cyhoeddus, gan gynnwys 125 awdurdod lleol, eu gwrthwynebiad. Yn Nhŷ'r Arglwyddi cydnabu cownsel Lerpwl mai'r sefyllfa gyfansoddiadol a wnâi'r weithred yn bosibl:

> Liverpool Corporation have to take the constitution as they find it. There is at the moment no separate Welsh Government: there is no separate demarcation of Wales from England from the point of view of administration or from the point of view of water supplies.

Pan ddaeth mesur Lerpwl gerbron Tŷ'r Cyffredin, yr unig aelod Cymreig a'i cefnogodd oedd Syr David Llewellyn. Ond er gwaethaf unfrydedd y gwrthwynebiad yn y wlad ac yn y Senedd fe'i pasiwyd gyda mwyafrif mawr, amlygiad gwrthun o ddiffyg democratiaeth Gymreig.

Parhaodd profiad Tryweryn i gyffroi'r wlad am flynyddoedd. Gweithred genedlaethol heb gynsail oedd cynnull cynhadledd genedlacthol, a gadeiriwyd gan Huw T. Edwards, gan Arglwydd Faer Caerdydd yn Hydref 1957, ac wedyn ail un yng Ngorffennaf 1958, er mwyn cyflwyno cynllun llai niweidiol i Lerpwl. Datguddiodd papurau'r Cabinet am 1959, a gyhoeddwyd ym 1989, mai ymgyrch Tryweryn a gymhellodd y llywodraeth i fynnu parhau â'r bwriad o adeiladu gwaith dur enfawr yn Llan-wern yn hytrach nag yn Grangemouth yn yr Alban lle'r oedd diweithdra enbyd iawn. Mewn memorandwm i'r Cabinet dywedodd Heathcote Amory, Canghellor y Trysorlys:

> There is still resentment in Wales over the support given by the Government to Liverpool's bill for flooding part of the Tryweryn Valley in Merioneth . . . If the Government were now to stop the building of the stripmill in Wales, criticism of the Government would be greatly intensified and Welsh nationalist feeling aroused. The dangers of such a situation must not be underrated.

Tyst i gynnydd Plaid Cymru oedd iddi ymladd ugain o 36 sedd Cymru ym 1959 ac ennill cyfartaledd o bron pedair mil y sedd; pump yn unig o 72 sedd yr Alban a ymladdodd yr SNP. Yn yr un flwyddyn ymunodd Huw T. Edwards, gŵr amlycaf Cymru, â'r Blaid. Yn y flwyddyn honno hefyd y penderfynodd y Blaid Lafur roi Ysgrifennydd i Gymru yn ei rhaglen. Ymddengys fod y Prif Weinidog, Harold Macmillan, am sefydlu Ysgrifenyddiaeth Wladol ond iddo ildio i wrthwynebiad gweision sifil Llundain, gelynion tostaf Cymru. Penodwyd Gweinidog Gwladol ac is-weinidog ganddo, a'r flwyddyn nesaf sefydlodd y Torïaid Uwch Bwyllgor Cymreig yn y Senedd. Dair blynedd yn ddiweddarach—ym 1964—bedyddiwyd Swyddfa'r Weinyddiaeth Dai yng Nghymru yn Swyddfa Gymreig, a sefydlwyd ynddi adran i gynghori ar gynllunio economaidd. Câi Cymru ei thrin fel endid economaidd bellach. Profodd

Plaid Cymru gryn anghydfod mewnol yn hanner cyntaf y chwedegau oherwydd yr hyn a ystyrid yn arafwch ei thwf ynghyd â'r pwyso am weithredu uniongyrchol yn achos Tryweryn. Gweithredodd pump: cafodd Emyr Llywelyn Jones ac Owain Williams flwyddyn o garchar yr un. Hybwyd galwadau am newid yn y drefniadaeth a ddygodd ffrwyth pan oedd Emrys Roberts yn Ysgrifennydd.

Galw ar y Blaid i weithredu'n uniongyrchol dros y Gymraeg a wnaeth Saunders Lewis yn ei ddarlith radio herfeiddiol, *Tynged yr Iaith*, ym 1962. Trwy'r blynyddoedd rhoesai'r Blaid yr iaith ar flaen ei pholisïau. Bu ei hymdrechion dros addysg Gymraeg mewn coleg ac ysgol yn un enghraifft ymhlith llawer. Yn wir fe'i hystyrid yn gyffredin gan y cyhoedd yn blaid y Cymry Cymraeg. Ymladdodd achos cyfreithiol nodedig ym 1961 pan wrthododd clerc Cyngor sir Gaerfyrddin dderbyn ffurflen enwebu Gymraeg mewn etholiad sirol. Mentrodd ddwyn yr achos i'r Uchel Lys. Enillodd, a bu dau ganlyniad o bwys. Un oedd yr Elections (Welsh Forms) Act; y llall, a symbylwyd hefyd gan Gymdeithas yr Iaith, oedd sefydlu Pwyllgor Hughes Parry i ystyried safle'r Gymraeg. Adroddodd y Pwyllgor ym 1965 o blaid sefydlu egwyddor dilysrwydd cyfartal. Hwyrach y buasai'r adroddiad hwnnw wedi dioddef yr un dynged ag adroddiadau Pwyllgor Ymgynghorol H. T. Edwards oni bai am fuddugoliaeth is-etholiad Caerfyrddin ym 1966. Er mor annigonol oedd Deddf Iaith 1967 yr oedd yn gam gwerthfawr ymlaen.

Barnai'r Blaid y byddai iddi ymateb i her Saunders Lewis yn y ffordd y dymunai ef yn rhwystro gweithredu politicaidd effeithiol. Ateb John Davies, Tedi Millward a Graham Hughes oedd sefydlu Cymdeithas yr Iaith Gymraeg, a hynny yn Ysgol Haf y Blaid ym Mhontarddulais ym 1962. Ar hyd y genhedlaeth nesaf tywynnodd ei hysbryd eofn trwy fywydau llawer o ieuenctid Cymru, yn arbennig yn yr hyn a fu'n Gymru Gymraeg, a chlywyd pwysau ei dylanwad ym mhob maes perthynol i'r iaith.

35   Yng nghwmni Elystan Morgan, Gwynfor Evans yn ysgwyd llaw â David Pritchard a David Walters wedi achos yn Llys yr Ynadon, Y Bala, 1962.

Darfu am y galwadau am weithredu uniongyrchol yng Nghwm Tryweryn yn unig gydag agoriad swyddogol Llyn Celyn yn Ebrill 1965. Tyrrodd mil i'r cyfarfod protest a drefnodd y Blaid wrth yr argae. Wedi i gannoedd gwahodd-edigion dinas Lerpwl ymgynnull mewn pabell hardd wrth odre'r argae rhuthrodd rhan fawr o'r dorf i lawr y llethrau at y babell ac mewn mynegiant o ddicter gwlad torrwyd y cyfrwng siarad cyhoeddus a dinistriwyd y cyfarfod. Cydiodd brwydr y Blaid dros ddŵr Cymru, a barhaodd hyd ddiwedd yr wythdegau, yn nychymyg y wlad. Rhannol fu llwyddiant ei galwad am fwrdd dŵr cenedlaethol a chanddo'r hawl i werthu'r dŵr. Yr hyn a sefydlwyd gan lywodraeth Edward Heath oedd Bwrdd Dŵr Cymreig na chynhwysai ganol-barth Cymru ac na châi werthu'r dŵr; byddai hynny'n anfoesol, meddai'r Torïaid. Parhâi trethi dŵr Cymru yn sylweddol uwch nag yn y dinasoedd a'r trefi Seisnig a gâi eu dŵr oddi yma yn rhad ac am ddim.

Bu'r cynnydd yn rhif aelodau'r Blaid yn y de-ddwyrain yn ffaith galonogol yn hanner cyntaf y chwedegau, er ei fod yn gyfnod llwm yno yn etholiadol. Collwyd seddau ar gynghorau'r Rhondda, Merthyr Tudful ac Ogwr. Saith cynghorwr dosbarth a oedd ganddi ym 1964, a minnau'n unig gynghorwr sir. Gwellhaodd y sefyllfa'n fawr ym 1967; ac ym 1977 yr oedd ganddi 234 ymgeisydd yn y maes; enillodd 123 sedd dosbarth. Er ymladd 23 sedd yn etholiad seneddol 1964, syrthiodd y bleidlais i 69,507, wyth mil yn llai nag ym 1959. Cryn gamp oedd ymladd ugain sedd ddwy flynedd yn ddiweddarach. Rhodd dywysogaidd o £2,000 gan D. J. Williams—ffrwyth gwerthiant Penrhiw, yr Hen Dŷ Ffarm—a wnaeth hyn yn bosibl. Daliodd y bleidlais yn o lew, er bod ffactor teledu yn milwrio'n gryf yn erbyn y Blaid bellach. Ymleddid etholiadau seneddol fwyfwy ar raglenni gwleidyddol a bwletinau newyddion Llundain lle na châi Plaid Cymru unrhyw sylw.

Yn ddisymwth ym 1966 trawsnewidiwyd sefyllfa'r Blaid gan fuddugoliaeth is-etholiad Caerfyrddin ar 14

Gorffennaf, dydd buddugoliaeth Tom Ellis ym 1886, dydd cwymp y Bastille ym 1789, a dydd arwyddo cytundeb rhwng Glyndŵr a brenin Ffrainc ym Mharis ym 1404! Dilynodd y fuddugoliaeth ymgyrch na welwyd ei bath yn hanes y Blaid, ymgyrch hafaidd, lawen, hyderus, gyda chriw mawr o bobl ifainc ar y blaen, rhai wedi dod o bell ac aros am gymaint â phythefnos, fel y gwnaeth Dr. Phil Williams, a chyda gallu trefnyddol Cyril Jones, fy nghynrychiolydd, a weddnewidiasai'r drefniadaeth, a dawn gyhoeddusrwydd ddisglair Islwyn Ffowc Elis, wrth ei chefn. Prif bwysigrwydd buddugoliaeth seneddol i'r Blaid yw ei hamlygiad o nerth cenedlaetholdeb. Ar hwnnw y gwrendy'r llywodraeth. Ar ôl deugain mlynedd yn yr anialwch gwleidyddol enillodd y Blaid hygrededd. Clywyd yr effaith yn Llundain a thrwy Gymru, a hyd yn oed yn yr Alban. Dywedid yno na fuasai'r SNP wedi breuddwydio ei bod yn bosibl ennill Hamilton oni bai am ganlyniad Caerfyrddin.

Os oedd amheuaeth ynghylch arwyddocâd cenedlaethol y canlyniad, fe'i chwalwyd gan is-etholiadau syfrdanol Gorllewin y Rhondda a Chaerffili, caerau diwydiannol y Blaid Lafur ym 1967 a 1968. Gyd chanran uwch o'r bleidlais nag a gafodd y Blaid yng Nghaerfyrddin, tociodd Vic Davies fwyafrif y Blaid Lafur o 16,988 i 2,306; ac yng Nghaerffili dymchwelodd Dr. Phil Williams fwyafrif Llafur o 22,381 i 1,874. Pa ryfedd i James Griffiths fynegi ei ofn y gallai Plaid Cymru ddisodli'r Blaid Lafur yng Nghymru?

Bu ymateb y llywodraeth yn gyflym, yn gadarnhaol ac yn amrywiol. Un canlyniad lleol fu ymweliad Harold Wilson â thref Caerfyrddin, a'i addewid y câi pont newydd ei chodi dros afon Tywi i rwyddhau'r llif traffig a dagai'r dref. Canlyniad o bwys cenedlaethol oedd newid penderfyniad Comisiwn Beeching ar weinyddiad y gyfraith. Cyn is-etholiad Caerfyrddin yr oedd y Comisiwn wedi penderfynu, ond heb gyhoeddi, mai o Fryste a Lerpwl y câi'r

gyfraith ei gweinyddu yng Nghymru. Dan bwysau o du'r
Blaid ailystyriwyd hyn a phenderfynwyd, 'reluctantly'
meddai'r adroddiad, y gweinyddid Cymru fel endid o
Gaerdydd, ac y cynhwysid sir Fynwy yng Nghymru. Llai
pwysig ond trawiadol fu dwyn y Bathdy Brenhinol i Lan-
trisant yn lle ei osod fel y disgwylid yng ngogledd-ddwyrain
Lloegr. Efallai y buasai'r cyffro cenedlaethol a achoswyd
gan y tri is-etholiad wedi bod yn ddigon i sicrhau bod
cynllun Cledwyn Hughes am gyngor etholedig i Gymru
yn cario'r dydd yn y Cabinet petasai cenedlaetholdeb yr
Alban yn gryfach. Gwaetha'r modd, llwyddodd Willie
Ross, Ysgrifennydd Gwladol yr Alban, i'w ladd yn farw
hoel ym 1967 cyn buddugoliaeth yr SNP yn Hamilton.
Cyn diwedd 1968, fodd bynnag, efallai er mwyn prynu
amser, teimlodd y llywodraeth dan orfodaeth i sefydlu
Comisiwn Brenhinol, dan gadeiryddiaeth yr Arglwydd
Crowther, i ystyried newidiadau cyfansoddiadol. Cyf-
lwynodd Plaid Cymru gynigion a ddrafftiwyd gan banel o
arbenigwyr ac a fabwysiadwyd gan gynhadledd arbennig
yn y Deml Heddwch, Caerdydd. Cyflwynwyd hefyd gynllun
economaidd a oedd yn ddatblygiad arwyddocaol yn ein
hanes. Fe'i lluniwyd gan grŵp ymchwil a gynhwysai
Dafydd Wigley, Dr. Phil Williams ac Eurfyl ap Gwilym, a
chafodd gymeradwyaeth hael gan yr Arglwydd Crowther,
a oedd yntau yn economegydd o fri. Rhaid nodi gwerth
difesur cyfraniad Dr. Phil Williams wrth lunio polisïau'r
Blaid trwy'r chwarter canrif diwethaf. Parhaodd datblygiad
ei pholisi o Sosialaeth gymunedol. Ym 1970 mynegodd yr
Athro Raymond Williams, a ymunodd â hi wedyn, mai
lle'r Blaid yn y sbectrwm gwleidyddol oedd gyda'r *New
Left*, a oedd ar y chwith i'r Blaid Lafur.
    Nid gwleidyddol ac economaidd oedd unig ganlyniadau
ugeiniau o flynyddoedd o ymdrechion y Blaid. Efallai
mai'r canlyniad pwysicaf fu deffro a chryfhau'r ymwybod
cenedlaethol mewn cannoedd o filoedd o Gymry. Oni bai
am y degau blynyddoedd o Gymreictod ymosodol, o

ddyddiau Kitchener Davies a Kate Roberts ymlaen, prin y buasai degau o filoedd o rieni di-Gymraeg y cymoedd diwydiannol wedi anfon eu plant i ysgolion Cymraeg. Llai derbyniol yn etholiadol oedd y cyfraniad o weithgareddau treisgar gan rai a gweithgareddau di-drais Cymdeithas yr Iaith. Dilynwyd ffrwydriad mawr Clywedog gan gyfres o ffrwydriadau. Cafodd y Free Wales Army gyhoeddusrwydd mawr i'w gweithgareddau anghyfreithlon dros gyfnod o chwe blynedd. Yn haf 1969 achoswyd niwed difrifol i blentyn yng Nghaernarfon gan ffrwydriad bom. Ddechrau'r flwyddyn honno cychwynnodd Cymdeithas yr Iaith ei hymgyrch fawr ddi-drais yn erbyn arwyddion ffyrdd Saesneg; pan glywais Dafydd Iwan yn ei amddiffyn ei hun a rhai o'i gyd-ddiffynyddion mor ddisglair yn achos mawr yr iaith yn Abertawe ym 1971 sylweddolais fod arweinydd o faintioli wedi codi. Ym 1969 hefyd y bu gwrthwynebiad ysbrydlon y Gymdeithas i'r arwisgiad y penderfynodd y Blaid ei anwybyddu. Yr oeddwn yn bresennol yn y Senedd ar ddydd yr arwisgiad, yr unig aelod Cymreig a oedd yno er ei fod yn ddiwrnod cwestiynau Cymreig. Yng Nghaer-narfon yr oedd y mwyafrif mawr o'r gweddill, yn eu hetiau uchel a'u cotiau cynffon hir. Pan godais i ofyn y cwestiwn cyntaf bu rhu o anghymeradwyaeth. Y rheswm am hyn oedd bod dau Gymro wedi eu lladd yn Abergele y noson flaenorol wrth gario bom a oedd i ffrwydro ar y rheilffordd yr âi'r trên brenhinol drosti. Ar ddiwrnod yr arwisgiad y gorffennodd achos chwech-wythnos yr FWA, camp o drefnu cyfrwys.

Ym meddwl y cyhoedd cysylltid yr holl gynnwrf hwn â Phlaid Cymru, gan arafu ei thwf a chyfrannu at golli sedd Caerfyrddin. Serch hynny, yn etholiad 1970 cododd pleid-lais genedlaethol y Blaid, a ymladdodd bob sedd am y tro cyntaf, o 61,000 i 175,000, 12.5 y cant o'r cyfan. Dim ond yn etholiadau Ewrop y cafodd ganran uwch. A'r Blaid Lafur bellach yn wrthblaid, yr oedd yn anos cynyddu, a chlywid yr hen gri ei bod ar ben ar genedlaetholdeb. Ond

36   Gwynfor Evans yn cyfarch ei gefnogwyr brwd ar Sgwâr Caerfyrddin ar ôl
adennill y Sedd yn Hydref 1974.

siomwyd y gwrthwynebwyr gan frwydr galonnog Emrys
Roberts ym Merthyr Tudful ym 1972 pan enillodd 37 y
cant o'r pôl a gostwng mwyafrif Llafur, a fu'n 17,600 ym
1966, i 3,710. Yna torrwyd trwodd yng Ngwynedd yn
Chwefror 1974 pan enillodd Dafydd Wigley a Dafydd Elis
Thomas eu buddugoliaethau hanesyddol yn Arfon a Meir-
ionnydd. Yn yr un etholiad collais fy sedd yng Nghaer-
fyrddin o dair pleidlais yn unig. Yn etholiad mis Hydref y
flwyddyn honno cynyddodd y ddau Ddafydd eu mwyafrif
ac enillwyd Caerfyrddin. Gyda thri aelod seneddol, llwydd-
odd y Blaid i ennill nifer o fanteision gwerthfawr oddi wrth
y llywodraeth Lafur leiafrifol, gan gynnwys Awdurdod

Datblygu Economaidd y bu galw am ei debyg ar hyd ei hanes.

Blynyddoedd cyffrous i'r Blaid fu'r rhain. Ei llwyddiant mwyaf dramatig oedd ennill rheolaeth, dan arweiniad Emrys Roberts yng ngwanwyn 1976, ar gyngor Merthyr Tudful, lle bu Dafydd ac Elinor Wigley yn arloesi. Daeth yn brif blaid hefyd ar gyngor Cwm Rhymni, o fewn dwy sedd i gael mwyafrif. Yr oedd sefyllfa'r Alban, lle'r enillodd yr SNP un ar ddeg o seddau seneddol, yn fwy cynhyrfus byth. Cymhellwyd y llywodraeth gan gynnydd cenedlaeth-oldeb y ddwy wlad i roi ystyriaeth ddifrifol i adroddiad Comisiwn Kilbrandon (Crowther gynt) ar ddatganoli i Gymru a'r Alban. Yn Nhachwedd 1976 cyflwynwyd Mesur Cymru a'r Alban—a roddai senedd ddeddfwriaethol i'r Alban a chynulliad etholedig i Gymru—i'r Senedd. Fe'i trechwyd. Wedyn cyflwynwyd dau fesur ar wahân. Rhodd-wyd naw diwrnod ar hugain i drafod Mesur Cymru, a gafodd y cydsyniad brenhinol ar 31 Gorffennaf 1978. Am y tro cyntaf roedd deddf ar y llyfr ystatud a roddai fesur o ymreolaeth i Gymru. Dyma uchafbwynt ymdrechion Plaid Cymru.

Ni welwyd y cynulliad. Cynhaliwyd refferendwm ar Ddydd Gŵyl Ddewi 1979 ar ddiwedd gaeaf o anghydfod cymdeithasol enbyd. Ni bu calon y Blaid Lafur a'r llywod-raeth yn y polisi o'r dechrau a gwrthwynebai'r Torïaid gynulliad yn unfrydol. Yn y Senedd cafodd y gwrthwyneb-wyr Llafur, dan arweiniad Neil Kinnock a Leo Abse, ryddid i weithredu'n ddigerydd fel plaid oddi mewn i blaid. Eu dau chwip oedd Donald Coleman ac Ifor Davies. Yng Nghymru yr oedd gwrthwynebiad y cynghorwyr Llafur bron yn unfrydol; ac yr oedd anwybodaeth y cyhoedd yn affwysol. Y canlyniad fu lluchio'r mesur tila o ymreol-aeth yn ôl yn wyneb y llywodraeth. Ugain y cant yn unig o bleidleiswyr Cymru a'i cefnogodd. Lledai anobaith trwy rengoedd y cenedlaetholwyr. Y Blaid Geidwadol yn unig a elwodd ar y ffiasgo. Ar ôl colli pleidlais o anymddiriedaeth

a gefnogwyd gan aelodau'r SNP syrthiodd y Llywodraeth
Lafur, er i aelodau Plaid Cymru ei chefnogi. Ym Mai 1979
cychwynnodd y Torïaid ar yı un mlynedd ar bymtheg o
reolaeth ddi-dor a ddinoethodd faint ffolineb gwrthod
cynulliad etholedig. Er i Blaid Cymru wella ei safle yn
Arfon a Meirion yn etholiad y flwyddyn honno, collwyd
Caerfyrddin, ac edwinodd ei phleidlais yng ngweddill y
wlad. Am bob dau gam ymlaen arferai syrthio yn ôl un.
Ychwanegwyd at ddigalondid y mudiad cenedlaethol.

Gan dybio bod cenedlaetholdeb Cymru wedi chwythu ei
blwc, ym mis Medi cyhoeddodd William Whitelaw, yr Ysg-
rifennydd Cartref, na chadwai'r llywodraeth ei haddewid,
a wnaed o ganlyniad i ymgyrch hir ac arwrol Cymdeithas
yr Iaith, i sefydlu sianel deledu Gymraeg. Hyn, ynghyd ag
ysbryd isel y mudiad cenedlaethol, a'm hysgogodd i
weithredu mewn modd a godai ysbryd y cenedlaetholwyr.
Yr oedd fy llygaid ar y Cymry yn fwy nag ar y llywodraeth.
Ar 5 Ebrill 1980 cyhoeddais y cychwynnwn ymprydio, a
hynny i'r pen, ar 6 Hydref pe na chadwai'r llywodraeth ei
haddewid. Ymdaflodd y Blaid i'r frwydr ar unwaith ac
ailgydiodd y Gymdeithas yn ei hymgyrch â chyfres hir a
chostus o weithredoedd. Gwrthododd dwy fil o genedlaeth-
olwyr dalu am drwydded deledu a dechreuwyd eu carcharu.
Ildiodd y llywodraeth ar 17 Medi. Sefydlwyd S4C fel corff
Cymraeg cwbl annibynnol, yr amod pwysicaf a roddwyd.
Ymhen pum mlynedd darlledai 30 awr yr wythnos, a
chyflogai yn uniongyrchol ac anuniongyrchol 3,500 o
bobl, wyth gant ohonynt yng nghylch Caernarfon.

Er trymed cysgod y refferendwm a'r llywodraeth That-
cheraidd, pan etholwyd Dafydd Wigley yn llywydd ym
1981 amlygodd y Blaid egni mewn ymgyrchoedd grymus,
yn arbennig dros gyfiawnder ym maes un o'i hadnoddau
naturiol cyfoethocaf, sef dŵr. Ymgyrchwyd hefyd—trwy'r
wythdegau, pan oedd arfau niwcliar yn gymaint o fygythiad
i'r ddynoliaeth—dros ddiarfogi niwcliar. Y Blaid hefyd
oedd yr unig blaid o faint a wrthwynebodd Ryfel y Falk-

lands. Symbylwyd E. P. Thompson i ddatgan: 'Plaid Cymru is one of the most internationalist sections of our peace movement.'

Er i sefydlu'r SDP ychwanegu at yr anawsterau etholiadol, llwyddodd y Blaid i gryfhau ei safle yng Ngwynedd ym 1983. Daeth Ieuan Wyn Jones yn ail da ym Môn, a symudodd yno i feithrin yr etholaeth. Bedair blynedd wedyn enillodd y sedd mewn buddugoliaeth drawiadol, yr unig dro i'r Blaid ennill sedd oddi ar y Toriaid. Dangosodd y bleidlais o 53 y cant a enillodd Dafydd Wigley yn Arfon faint y cynnydd er pan gafodd Lewis Valentine 1.6 y cant ym 1929. Pan fu'n rhaid i Dafydd Wigley ymddeol o'r llywyddiaeth am resymau teuluol trist fe'i dilynwyd am saith mlynedd gan Dafydd Elis Thomas. Dyfnhaodd ef a'r Chwith Genedlaethol y ddelwedd sosialaidd. Dan ei arweiniad rhoddwyd cefnogaeth egnïol ac ymarferol i'r glowyr yn eu streic flwyddyn: fel 'Aelod y glowyr' y cyflwynwyd ef ar lwyfan Undeb y Glowyr. Yn ddiweddarach Plaid Cymru a roes yr arweiniad cadarnaf yn erbyn Treth y Pen. Er nad arweiniodd y newid delwedd at y cynnydd y gobeithiwyd amdano yn y cymoedd diwydiannol dangosodd Syd Morgan, drwy ennill 25.3 y cant o'r bleidlais yn is-etholiad Pontypridd 1989, na ellid diystyru potensial y Blaid yno. Dwy flynedd yn ddiweddarach daeth Dr. Dewi Evans yn ail da yng Nghastell-nedd. Cadarnhawyd y cynnydd mewn ardaloedd diwydiannol pan enillwyd rheolaeth ar gyngor Taf Elài a buddugoliaethau mewn cyfres o is-etholiadau lleol yn y cymoedd ym 1992. Yn etholiadau sirol 1993 yr oedd gan y Blaid fwy o ymgeiswyr, ac enillodd fwy o seddau na'r Toriaid a'r Rhyddfrydwyr Democrataidd. Cyhoeddwyd yn y flwyddyn honno fod gan ei hadran ieuenctid 1,700 o aelodau; llanwyd nifer o'i phrif swyddi â gwŷr a gwragedd yn eu hugeiniau. Erbyn hynny yr oedd Dafydd Wigley wedi ailgydio yn y llywyddiaeth.

Dylanwadodd nerth cynyddol Plaid Cymru yn drwm ar

y Blaid Lafur, yn ddigon yn wir i drawsnewid ei pholisi Cymreig. Yn etholiad 1992 ei pholisi oedd sefydlu cyngor rhanbarthol Cymreig, tebyg i'r cynghorau rhanbarth a fynnai i Loegr, ym mhumed blwyddyn ei thymor. Bellach saif dros senedd a fedd ar alluoedd deddfwriaethol a threthiannol, tebyg i'r hyn a fyn i'r Alban, ac a sefydlir ym mlwyddyn gyntaf ei llywodraeth.

Mae'r angen dybryd am senedd i'w weld ym mhob rhan o'n bywyd cenedlaethol, megis y gyfundrefn addysg a llywodraeth leol. Amlygwyd yr angen gan ymddygiad gwarthus y llywodraeth yng nghwrs y Mesur Iaith diweddaraf. Yr oedd Cymdeithas yr Iaith ac eraill eisoes wedi ymgyrchu'n nerthol am flynyddoedd dros Ddeddf Iaith gref a chyflawn pan gyflwynodd Dafydd Wigley y math o Fesur sydd ei angen ym 1986. Ond tra siomedig fu'r Mesur a gyflwynodd y Swyddfa Gymreig. Dichon y byddai aelodau Bwrdd yr Iaith Gymraeg wedi ymddiswyddo oni bai am addewid Syr Wyn Roberts y câi'r Mesur ei gryfhau yn y Senedd. Ni chafwyd y gwelliannau disgwyliedig na datganiad ynglŷn â statws swyddogol i'r Gymraeg. Er mwyn trechu'r gwelliannau a gynigiodd y gwrthbleidiau Cymreig, a feddai ar 32 o 38 sedd yng Nghymru ym 1993, paciwyd y Pwyllgor Seneddol gan Saeson o Dorïaid na chodasant eu pennau o'u llyfrau a'u llythyrau heblaw i bleidleisio. Dyna sut yr enillodd y gyfundrefn Seisnig a reola Gymru fuddugoliaeth fawr arall.

Ni ddangosodd dim yr angen am senedd yn fwy nag allfudo enbyd ieuenctid Cymru a'r mewnfudo torfol o Loegr a fu'n difa'r Gymru Gymraeg. Lluniodd Cynog Dafis bolisi ar ran y Blaid i gwrdd â'r broblem greulon ac amlweddog hon, ond truenus o fach yw'r hyn y gall Cymru ei wneud a hithau heb reolaeth dros amodau ei bywyd. Un peth y gallwn ac y dylem wneud llawer mwy ohono yw integreiddio rhan sylweddol o'r mewnfudwyr ym mywyd eu gwlad fabwysiedig a harneisio eu talentau lawer i'w gryfhau. Dyna amcan mudiad PONT. Bu gan

Cynog Dafis hefyd, ynghyd â Dr. Phil Williams, ran bwysig yn llunio'r polisïau gwyrdd a gymerodd le canolog ym mholisïau'r Blaid pan sylweddolwyd bod y blaned yng nghysgod nemesis ecolegol. Arweiniodd hyn at gytundebau lleol â'r Blaid Werdd, gan gynnwys yr un a gyfrannodd at fuddugoliaeth syfrdanol Cynog Dafis yng Ngheredigion a Gogledd Penfro ym 1992, pan neidiodd o'r pedwerydd safle i'r brig.

Datblygiad mwyaf sylfaenol Polisi'r Iaith yn y deng mlynedd cyn 1995 fu datblygu ei pholisïau gwyrdd a diffinio'n fanwl y math o hunanlywodraeth a fynnai mewn perthynas â'r Gymuned Ewropeaidd. Yr oedd yng nghanol llif meddwl mwyaf blaengar Ewrop erbyn hynny. Datganodd ei maniffesto etholiad 1992: 'Mae'r hyn y bu Plaid Cymru'n galw amdano ers blynyddoedd yn awr yn ganolog ym meddylfryd Ewrop.' Cadwai mewn cyffyrddiad agos â Brwsel lle y gwneid mwy a mwy o benderfyniadau yn ymwneud â bywyd Cymru. Gyda Jill Evans ar y blaen chwaraeodd ran egnïol yng Nghynghrair Rhydd Ewrop a feddai ar bymtheg aelod yng Ngrŵp yr Enfys yn Senedd Ewrop. Yng nghyd-destun Ewrop y meddyliai, ac ystyriai ei haelodau eu hunain fwyfwy yn Gymry Ewropeaidd.

Myn Plaid Cymru symud at hunanlywodraeth gyflawn mewn dau gam. Y cam cyntaf yw senedd a ddemocrateiddia strwythur gwladwriaethol y Swyddfa Gymreig a'r llu cwangos. Mae'r haen hon o lywodraeth fiwrocrataidd yn gyfrifol am bedwar ugain y cant o'r gwariant cyhoeddus Cymreig. Yr unig faterion a arhosai yn Sain Steffan ar ôl sefydlu'r senedd hon fyddai rhai megis amddiffyn a pholisi ariannol a fydd, dan Maastricht, yn cael eu penderfynu fwyfwy gan yr Undeb Ewropeaidd. Ar ôl cyfnod trosiannol byr câi'r galluoedd hynny hefyd eu cyflwyno i senedd Cymru, a chymer y genedl ei lle priodol yn Undeb Ewrop. Myn y Blaid weld Ewrop gonffederal o genhedloedd a rhanbarthau hanesyddol annibynnol. Y polisi hwn a'i cymhellodd i gefnogi'r llywodraeth Doriaidd, ac eithrio ei hagwedd at y Bennod Gymdeithasol, yn ei hanawsterau seneddol ynghylch Cytundeb Maastricht. Rhoes hyn gyfle i'w haelodau seneddol wneud cytundeb â'r llywodraeth sy'n dra llesol i Gymru ac i'r Blaid. Caiff Cymru dri chynrychiolydd o blith ei chynghorwyr etholedig, un ohonynt yn Bleidiwr, ar y Pwyllgor Rhanbarthol ym Mrwsel. Eirug Wyn yw'r cenedlaetholwr a Jill Evans yn ddirprwy. Elfen bwysig yn y cytundeb oedd bod y tri chynrychiolydd yn adrodd yn ôl i fforwm Cymreig o aelodau etholedig sy'n trafod anghenion Cymru yng nghyd-destun Ewrop. Dyma'r tro cyntaf i Gymru gael ei chynrychioli ar gorff sy'n rhan organig o Undeb Ewrop. Disgrifiwyd y cytundeb gan y *Western Mail* fel 'a coup for Plaid Cymru. Rarely has a minority party, dealing with a Government with a vulnerable majority, played a better or more productive hand.'

Cymerodd y Blaid gam tuag at gryfhau ei pherthynas ag Ewrop yn yr etholiadau Ewropeaidd a gynhaliwyd ym Mehefin 1994 drwy ennill 17.1 y cant o'r bleidlais drwy Gymru gyfan. Cafodd Dafydd Wigley 33.8 y cant o'r bleidlais yn sedd y Gogledd a Marc Phillips 25.3 y cant yn etholaeth Canolbarth a Gorllewin Cymru. Er na lwyddwyd i ennill un o'r pum sedd, daeth yr ymadrodd 'Cymru yn Ewrop' yn fwy cyfarwydd i'r Cymry.

Y mae'r Blaid, dan lywyddiaeth Dafydd Wigley, gŵr a gydnabyddir yn arweinydd cenedlaethol, yn gwybod lle y mae am fynd. Rhydd ei chynnydd, a'r lleihad yng ngrym cenedlaetholdeb Prydeinig, hyder i'w gweithwyr fod diwedd gwarth caethiwed gwleidyddol Cymru yn nesáu; y mae safle cydradd yn Ewrop ar y gorwel. Pe llwyddai i sicrhau'r statws hwn fe'i gwelid yn sylweddoli ei phosibiliadau enfawr.

DARLLEN PELLACH

Charlotte Aull Davies, *Welsh Nationalism in the Twentieth Century* (Efrog Newydd, 1989).

D. Hywel Davies, *The Welsh Nationalist Party* (Caerdydd, 1983).

John Davies, gol., *Cymru'n Deffro* (Tal-y-bont, 1987).

Gwynfor Evans, *Fighting for Wales* (Tal-y-bont, 1991).

Dafydd Jenkins, *Tân yn Llŷn* (Aberystwyth, 1937).

J. E. Jones, *Tros Gymru* (Abertawe, 1970).

Watcyn L. Jones, *Cofio Tryweryn* (Llandysul, 1988).

Alan Butt Philip, *The Welsh Question* (Caerdydd, 1975).

Dafydd Wigley, *O Ddifri* a *Dal Ati* (Caernarfon 1992, 1993).

Dafydd Williams, *The Story of Plaid Cymru* (Plaid Cymru, 1991).

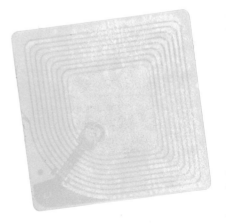